Le Guide de l'alimentation durable

S'ENGAGER POUR LA PLANÈTE
SANS SE PRENDRE LA TÊTE

ISBN : 978-2-36549-387-1
ISBN ebook : 978-2-36549-388-8

Conception graphique et réalisation : David Cosson – dazibaocom.com
Couverture : David Cosson – dazibaocom.com
Crédits photo : © Shutterstock

Dépôt légal : 1er trimestre 2020

ALINE GUBRI
PRÉFACE DE GUILLAUME MEURICE

Le Guide de l'alimentation durable

S'engager pour la planète sans se prendre la tête

THIERRY SOUCCAR ÉDITIONS

SOMMAIRE

Préface 9

Introduction
Une alimentation durable, qu'est-ce que c'est ? 10
• Ma transition environnementale : comment faire ma part au quotidien 12
• Pourquoi notre alimentation a-t-elle tant d'impacts sur l'environnement ? 17
• Comment une alimentation durable est-elle possible ? 21
• 5 conseils avant de se lancer 22

Chapitre 1
Réduire ses déchets en cuisine 25
• Pourquoi le meilleur déchet n'est pas nécessairement recyclable 27
• Acheter sans emballages, c'est possible ? 33
• Santé : les matériaux nocifs à bouder en cuisine 36
• 13 solutions pour passer du jetable au réutilisable 42
• Équiper ma cuisine durablement 47
• Le fait maison simple et rapide : mes astuces 52
• En maison ou en appartement : tout savoir sur le compost 57

Chapitre 2
Choisir les aliments les moins impactants 63
- Viande : moins mais mieux 66
- Poissons : lesquels privilégier ? 76
- Quels impacts et quelles solutions pour les œufs et les laitages ? 82
- Produits locaux et de saison : pourquoi ils font la différence 90
- Liste grise des aliments les plus polluants 95
- Liste noire des aliments les plus pollués 102
- Liste verte des aliments les moins émetteurs de CO_2 106
- Labels environnementaux : s'y retrouver enfin 109

Chapitre 3
Lutter contre le gaspillage 119
- Courses zéro gaspillage : les 8 règles d'or 123
- Comment conserver et préparer pour ne rien jeter 128
- Mon dictionnaire des astuces anti-gaspi du quotidien 136

Chapitre 4
Cuisine durable : des personnalités témoignent 149

Chapitre 5
25 recettes écoresponsables (et faciles) pour se lancer 159

PRÉFACE

© Fanchon Bilbille

Qu'est-ce qu'elle nous fait chier cette Gubri ? Encore une qui nous sort un bouquin pour nous faire culpabiliser ? Pour nous dire qu'il faut bouffer des sauterelles ou des graines de courge ? Aujourd'hui de toute façon, on peut plus rien faire, on peut plus rien dire ! On vit dans la dictature de la bien-pensance des écolos islamistes. Moi je connais bien la nature parce que j'ai mon beau-frère qui chasse. Et bah, je suis désolé mais quand il nous invite à bouffer, on n'a pas besoin d'un livre à la con pour se régaler. La dernière fois c'était du civet de cycliste, c'était délicieux. Mon beau-frère il a dit « ça manque de selle ! ». On a ri à s'en faire péter le bide. Alors, c'est pas une gamine qui va nous expliquer ce qu'on va mettre dans nos assiettes. Elle se prend pour qui ? Pour la Greta Thunberg du tube digestif ? Non mais on croit rêver. Il paraît que les végétariens, c'était un truc inventé par Taubira. Parce que soi-disant, c'était une tradition dans son île de Guyane du côté de l'Arabie Saoudite. Je l'ai lu dans *Le Magazine des amoureux du 4x4*. Moi j'adore les bagnoles. D'ailleurs la première fois que j'ai entendu le mot « vegan », j'ai cru que c'était un nouveau modèle de chez Peugeot. Autant dire que j'ai été déçu quand j'ai appris que c'était des gens qui veulent foutre en l'air notre belle civilisation française en prenant en otage notre cholestérol. Des pisse-froid qui nous emmerdent avec le réchauffement climatique alors qu'à la base c'est la faute des Chinois. D'ailleurs Gubri, c'est pas très français. Je suis pas raciste mais quand même. Merde ! Désolé je m'énerve. C'est mon côté Pascal Praud. Alors « Vive la vie et mort aux cons » comme il dit mon beau-frère. Et paix à son âme, parce qu'il s'est fait dessouder la semaine dernière par un de ses amis chasseurs qui l'a confondu avec un faisan.

Ceci était un message de Guillaume Meurice, membre-fondateur du collectif « Diesel rebelle » et président de l'Amicale du triple pontage coronarien.

Guillaume Meurice,
chroniqueur satirique
sur France Inter

Introduction

UNE ALIMENTATION DURABLE, QU'EST-CE QUE C'EST ?

Elle est la base de la vie, l'incontournable nécessité de chaque jour. Casse-tête pour certains, espace de créativité pour d'autres. Trésor de la nature, elle adopte mille et une couleurs et une infinité de saveurs différentes. Notre alimentation rythme nos journées de ses délices éphémères. Parfois perfide dissimulatrice, elle peut se révéler sous un visage plus sombre. Sous des apparences candides, elle consomme sans ménagement nos ressources, étouffe la diversité du vivant, surchauffe nos milieux et se transforme parfois en un long et sournois poison. Elle représente ainsi jusqu'à la moitié de notre empreinte environnementale* au quotidien[1]. Pourtant, ce lourd bilan n'est pas une fatalité. Pratiques agricoles, types de production, méthodes de transformation, systèmes de vente... Toutes les étapes qui ont un impact délétère sur l'environnement et qui sont nécessaires à la fabrication de nos menus quotidiens ont des alternatives soutenables et tout aussi efficaces. Ces solutions, j'en fais le choix chaque jour. Je les soutiens, je les applique, je les développe. Pourtant, je ne suis ni agricultrice, ni politique, ni cheffe d'entreprise. Je suis une jeune citoyenne ordinaire, qui travaille, sort, voyage et vit comme tout un chacun. À une seule différence : je profite de mon formidable pouvoir de consommatrice pour participer à mon échelle au changement que je veux voir dans le monde.

* L'empreinte environnementale est un indicateur estimant la pression exercée par l'homme sur les ressources naturelles et les milieux (c'est donc un indicateur beaucoup plus complet que l'impact carbone qui ne tient compte que des émissions de gaz à effet de serre).

MA TRANSITION ENVIRONNEMENTALE : COMMENT FAIRE MA PART AU QUOTIDIEN

Il y a six ans, alors que j'étais une jeune étudiante de 19 ans en sociologie, je goûtais pour la première fois aux joies de l'indépendance... et à celles des tâches ménagères quotidiennes. Mes journées étaient remplies par mes études, quelques sorties, des lectures, l'entretien de mon petit appartement et mes courses rapides au supermarché du coin. Ma mère m'ayant sensibilisée au respect de l'environnement toute mon enfance, j'étais consciente et soucieuse des enjeux environnementaux d'aujourd'hui. Trier mes déchets, signer des pétitions et acheter quelques produits ménagers dits « verts » : je pensais faire tout ce que mon statut de simple citoyenne me permettait. Le reste ? C'était la responsabilité des entreprises, des pouvoirs publics, des politiques et de quelques extrémistes marginaux... Une croyance qui s'est écroulée le jour où une amie m'a envoyé un article publié sur Internet, accompagné d'un commentaire « toi qui aimes les trucs écolos, tu vas adorer ! ». À ce moment, ni elle ni moi ne nous doutions que cet article allait littéralement changer ma vie.

Cet article exposait l'histoire d'une jeune New-Yorkaise* un peu plus âgée que moi, qui ne générait qu'une infime quantité de déchets dans son quotidien – un bocal par an –, pour des motivations écologiques. Elle y révélait les impacts environnementaux des incinérateurs et des décharges, puis y exposait ses solutions pratiques : compost, produits faits maison, courses sans emballage... Ce portrait me paraissait passionnant mais complètement surréaliste. Comment était-il possible de ne presque rien jeter ? Que consommait-elle ? Comment faisait-elle ses courses ? Comment pouvait-elle avoir le temps et l'argent suffisants pour réaliser toutes ces actions ? Cette démarche me semblait irréalisable pour une Française pressée et avec un petit budget comme moi. J'ai donc balayé de mon esprit cet article et ai continué à surfer sur Internet. Mais, quelques heures plus tard, la réalité me rattrapait. Pollution des sols, émissions de méthane, consommation massive d'énergie, rejets de dioxines dans l'air... Tous les impacts environnementaux du traitement de nos déchets se dressaient devant moi, postée perplexe devant ma grande poubelle de cuisine de 30 litres. Moi qui me prétendais si « écologique », faisais-je vraiment tout ce qui était en mon pouvoir pour « faire ma part » pour l'environnement ? Sans le savoir, mes gestes et choix au quotidien, pourtant si innocents en apparence,

* Lauren Singer, auteure du blog Trash is for tossers.

n'allaient-ils pas à l'encontre de ma conscience environnementale et mon désir d'agir ? Sans viser le total « zéro déchet », ne pouvais-je pas au minimum tester quelques actions décrites par la jeune femme ? La révélation, aussi stupide qu'elle puisse paraître, fut dure à avaler. Les actions à ma disposition ne s'arrêtaient donc pas à quelques pétitions, un robinet fermé pendant le brossage des dents et un don pour sauver une espèce en voie de disparition à l'autre bout du monde. Elles commençaient en premier lieu par la réduction de mes propres impacts. Par mes cosmétiques, mon alimentation, mes produits ménagers, mes emballages, je participais directement aux problématiques environnementales contre lesquelles je pensais si fort me battre. Je m'apercevais du gigantesque et fantastique pouvoir que mon simple statut de consommatrice me conférait et dont je n'étais jusque-là pas consciente. Par mes achats, j'encourageais certaines pratiques agricoles et industrielles. Je disais oui à des marques et non à d'autres. Je votais chaque jour, sans le soupçonner un instant. J'avais la possibilité – pour ne pas dire la responsabilité – de participer à mon humble échelle à un effort commun si simple et pourtant si puissant. Je n'allais pas changer seule le monde avec quelques actions dans mon quotidien. Mais j'allais participer à l'addition de petits efforts, qui elle, pouvait changer véritablement le cours des choses. Le champ des possibles s'ouvrait devant moi et, cette fois-ci, je ne manquerais pas d'en profiter.

AGIR

Ma décision était prise, je devais agir. Je devais au moins essayer. J'ai donc commencé à chercher des façons de réduire mes déchets au quotidien, grâce à quelques sites et blogs sur le sujet, encore peu nombreux à l'époque. Je lisais des conseils sur Internet, des articles de presse, des témoignages sur des forums. J'ai commencé, pas après pas, à mettre en place les actions qui me paraissaient les plus abordables. J'ai cherché une solution pour composter mes épluchures. J'ai remplacé mes produits ménagers par un mélange – aussi simple qu'efficace – d'eau et de vinaigre blanc. J'ai écoulé mes gels douche et opté pour les savons solides. J'ai commencé à découvrir les trésors des rayons vrac et ceux des petits commerçants en bas de chez moi. Parmi les changements que j'ai testés, tous n'ont pas été fructueux du premier coup. Certaines recettes de cosmétiques, trop longues, complexes ou pas suffisamment efficaces, ne me séduisaient pas. D'autres produits de consommation, comme les nouilles de riz chinoises ou le bicarbonate de soude, étaient impossibles à trouver sans emballages, malgré mes recherches sans fin sur Internet. Pendant un an, j'ai testé des recettes et des actions, abandonné celles qui se révélaient trop contraignantes, adopté celles qui me paraissaient réalistes et durables. Résultat, après un an de petits changements simples et avec quelques efforts de transition et d'adaptation, ma poubelle a maigri de 80 %.

Cette année de transition m'a apporté bien des surprises. Bien sûr j'étais estomaquée par la réduction massive des déchets que j'étais capable de réaliser chaque mois. Mais mes découvertes s'étendaient bien plus loin encore. À ma grande stupéfaction, l'environnement n'était pas le seul à bénéficier de ma nouvelle démarche. Mon petit pouvoir d'achat d'étudiante avait crû considérablement. À la différence des produits dits « verts » vendus dans le commerce, les solutions que j'avais adoptées - les achats d'occasion, le ménage au vinaigre blanc, la réutilisation d'objets plus durables ou encore le remplacement de mes cosmétiques industriels par des ingrédients sains et bon marché - s'avéraient prodigieusement économiques. Sans changements drastiques et en jouissant du même mode de vie qu'auparavant, j'avais réduit mes dépenses ordinaires (alimentation, produits ménagers, cosmétiques, vêtements) de 30 %. Réduire ses déchets, et donc ses impacts sur l'environnement, se révélait être accessible à tous, autant sur le plan financier que sur celui de la facilité.
Lecture après lecture, recherche après recherche, mon ébahissement n'en était que plus grand. Ma démarche, initialement environnementale, améliorait non seulement mon pouvoir d'achat, mais préservait également ma santé. Je découvrais les dangers de substances et produits aux apparences innocentes. Plastiques alimentaires, emballages jetables, cosmétiques industriels, produits ménagers conventionnels… nos expositions quotidiennes à des substances potentiellement nocives à long terme pour notre santé étaient discrètes mais si nombreuses ! Heureusement, j'avais la satisfaction de constater que mes nouvelles habitudes écartaient la majorité de ces produits toxiques pernicieux : mes ustensiles de cuisine étaient en verre ou en inox, mes produits ménagers faits maison, mes cosmétiques simples et naturels, etc.

ALLER TOUJOURS PLUS LOIN À TOUT PRIX : MON ERREUR DE DÉBUTANTE

Comblée d'enthousiasme face aux nombreux bénéfices insoupçonnés de ma démarche, j'ai été prise d'un nouvel élan. Je voulais m'engager plus, agir encore davantage. La seule porte que je voyais pour cela à cette époque était toujours celle du zéro déchet. J'étais donc décidée à m'attaquer aux 20 % de déchets dont je n'étais pas parvenue à me débarrasser avec mes astuces simples. Pour accomplir cet objectif, j'étais alors prête à tout. Tout ! Traverser la ville entière pour acheter du bicarbonate de soude en vrac. Chasser le moindre objet en plastique de mon appartement. Me passer de certains de mes plats préférés impossibles à acheter sans emballage. Après tout, le « zéro déchet », comme l'indiquait son nom, ne consistait-il pas à éradiquer le moindre déchet ? Quelques mois de sacrifices et de frustrations plus tard, je réalisais que non. Ma démarche ne devait pas résider dans un objectif extrême et irréaliste et des habitudes que je ne parviendrais jamais à conserver dans le temps. Traquer le moindre morceau de plastique ou d'emballage est aujourd'hui impossible. Omniprésent, le plastique représente parfois même un allié du progrès, comme c'est le cas dans les domaines médical, électronique ou électrique. Vouloir s'en passer entièrement aurait donc été mission impossible. Par ailleurs, accorder tant de temps et d'énergie à éliminer des impacts environnementaux dérisoires et anecdotiques en valait-il réellement la peine ? Ne pouvais-je pas mettre en place d'autres actions plus efficaces, nécessitant peu de temps, d'argent ou d'énergie pour éviter des impacts environnementaux plus importants que ceux des quelques emballages qu'il me restait ?

ALLIER L'EFFICACITÉ AU DURABLE

Comme un an et demi auparavant, j'étais frappée par une nouvelle prise de conscience, cette fois plus globale encore. Les yeux rivés sur les quelques déchets qui atterrissaient encore dans ma poubelle, j'étais passée à côté d'une vision plus large de mon empreinte environnementale. Mon impact ne se cantonnait pas seulement à ma poubelle et aux emballages de mes aliments, mais résidait aussi - et surtout - au niveau de mes aliments eux-mêmes.
Le contenu de mon assiette était en grande partie responsable de la plupart de mes impacts environnementaux. Réchauffement climatique, sécheresse, pollutions des sols, épuisement de ressources naturelles, perte de biodiversité... La liste des enjeux environnementaux auxquels certains de mes propres repas participaient m'estomaquait. Acheter des produits locaux, manger de la viande de meilleure qualité et en quantité plus modeste, choisir des aliments peu émetteurs de carbone, encourager des pratiques agricoles plus respectueuses de l'environnement... De nouveau, un panel d'actions s'ouvrait à moi. De nouveau, je voulais agir. Mais cette fois-ci, il n'était pas question de m'investir entièrement et aveuglément dans une seule action. Il s'agissait de m'engager de manière réaliste dans plusieurs directions, en trouvant le bon équilibre. Ma nouvelle règle d'or : ne pas tenter de tout faire, mais choisir plutôt des actions faisables et plaisantes, viser un objectif **réaliste** et ne jamais adopter une habitude source de frustration. Une démarche plus sage et efficace, et surtout plus durable dans le temps.
J'ai donc commencé à cuisiner davantage moi-même grâce à des astuces extraordinairement simples, à tester mille et un plats non-carnés étonnamment délicieux, à fréquenter plus souvent les rayons des produits locaux, à privilégier quand je le pouvais certains produits labellisés ou encore à mieux conserver mes denrées pour moins les gaspiller. Là aussi je faisais les mêmes constats qu'à la fin de ma transition vers moins de déchets : en mangeant moins de viande ou encore en consommant davantage de mets faits maison, mon pouvoir d'achat s'en portait

bien mieux. Ces économies me permettaient, bien qu'étant encore étudiante à l'époque, d'adopter une alimentation presque en totalité issue de l'agriculture biologique. Un cercle vertueux, puisque je réduisais ainsi encore davantage mes impacts sur l'environnement et mon exposition à des substances nocives.
Depuis plus de quatre ans, ma stratégie de l'équilibre et des objectifs réalistes a su se montrer pérenne. J'ai mis en pratique la quasi-totalité des actions à ma disposition pour réduire les impacts environnementaux de mon alimentation, sans pour autant appliquer chacune entièrement à tout instant de mon quotidien. Je m'épargne ainsi frustrations et sacrifices et allie pleinement un quotidien simplement normal à des impacts environnementaux indéniablement faibles. Nul besoin de renoncer à son mode de vie ! Avec les astuces accessibles à tous exposées dans ce livre, j'ai réduit de 75% l'empreinte carbone de mon alimentation*, baissé de 80 % mes déchets et considérablement diminué nombre de mes autres impacts, difficilement quantifiables, comme ma consommation de ressources naturelles et la pollution de terres agricoles.

Cette transition d'abord personnelle a ensuite façonné et motivé entièrement ma vie professionnelle. Désireuse d'agir au maximum à mon échelle de citoyenne puis de professionnelle, j'ai orienté mes études vers le développement durable. Mon master en management environnemental de la Sorbonne en poche, j'ai pris la direction de la mairie de San Francisco, une des villes les plus avancées et reconnues dans le monde pour sa politique zéro déchet. J'y ai découvert l'incroyable influence qu'une municipalité peut avoir sur la réduction des impacts environnementaux de ses habitants. Compostage massif et généralisé des déchets organiques de chaque San-Franciscain, incitation et facilitation du tri, interdiction de certains objets jetables à la vente, etc. J'avais la chance et le privilège de participer de l'intérieur à la version organisée et à grande échelle de la transition que j'avais moi-même effectuée dans mon quotidien quelques années plus tôt. De retour en France, je suis devenue consultante en développement durable, dans l'objectif de guider des organismes publics et des entreprises privées vers ce changement de modèle. Pour accompagner les consommateurs, partager mes découvertes et encourager une prise de conscience collective, j'ai publié mon premier livre, *Zéro plastique zéro toxique* (Thierry Souccar, 2017). Aujourd'hui, à 25 ans, six ans après avoir fait mes premiers pas dans ce voyage extraordinaire, j'ai l'honneur de partager mon savoir et mon expérience par le biais de nombreuses conférences en France et à l'étranger.

---

* C'est-à-dire la quantité d'émissions de gaz à effet de serre émis par mon alimentation lors de son cycle de vie, de la production à sa consommation, en passant par sa transformation et son transport. Empreinte carbone calculée grâce au calculateur d'empreinte écologique de l'ONG WWF Suisse. À retrouver sur www.wwf.ch/fr/vie-durable/calculateur-d-empreinte-ecologique

POURQUOI NOTRE ALIMENTATION A-T-ELLE TANT D'IMPACTS SUR L'ENVIRONNEMENT ?

En 2015, l'environnementaliste américain Paul Hawken, avec l'aide de 70 chercheurs de 22 nationalités, a dressé une liste des 100 actions les plus efficaces pour stopper et renverser le changement climatique[2]. Ainsi, après le remplacement des gaz utilisés dans les systèmes de réfrigération et de climatisation - à l'effet de serre extraordinairement puissant - et le développement de l'énergie éolienne, c'est la réduction du gaspillage alimentaire et celle de notre consommation de viande (particulièrement dans les pays occidentaux) qui arrivent en troisième et quatrième positions du classement ! Pourquoi le contenu de notre assiette contribue-t-il davantage au changement climatique que les secteurs des transports, de l'habitation ou encore de la construction ? Pourquoi, selon l'ADEME*, notre alimentation représente-t-elle entre 20 et 50 % de l'empreinte environnementale d'un Français[3] ?
À chacune des étapes de leur cycle de vie, nos aliments sont la source de divers impacts environnementaux conséquents.

LE SAVIEZ-VOUS ?
En moyenne, 25 % des émissions de gaz à effet de serre d'un Français sont liées à l'alimentation (Source : ADEME[3]).

LA PRODUCTION

La production est probablement l'étape qui a le plus fort impact. Elle participe d'abord massivement au changement climatique, puisque 20 % des émissions de gaz à effet de serre en France sont imputables à l'agriculture[4]. En cause ? Le méthane - un gaz à l'effet de serre 25 fois plus puissant que celui du dioxyde de carbone - relâché par les élevages de ruminants comme les vaches, le protoxyde d'azote - à l'effet de serre 310 fois plus puissant que celui du dioxyde de carbone[5] - rejeté par l'épandage de certains engrais azotés et enfin le dioxyde de carbone lui-même émis par les machines et tracteurs.

* L'ADEME (agence de l'environnement et de la maîtrise de l'énergie) est l'agence nationale publique référente en France sur les thématiques environnementales.

Les engrais utilisés pour la culture de nos denrées alimentaires participent également à d'autres types d'impacts environnementaux. Beaucoup représentent une réelle source de pollutions locales des sols, des cours d'eau et des nappes phréatiques, parfois sur plusieurs dizaines d'années. D'autres causent une perte de biodiversité, notamment celles des insectes pollinisateurs, dont les abeilles, mais également les papillons, les guêpes et, plus inattendu, les fourmis, tous indispensables à la reproduction des fleurs et donc des arbres fruitiers, y compris ceux cultivés par l'homme. Lorsque les surfaces agricoles manquent, la déforestation est une pratique courante, notamment au Brésil, où d'immenses parcelles de forêts sont rasées pour accueillir des élevages intensifs ou d'immenses champs de soja et de céréales. Cette pratique participe, elle aussi, au rejet de gaz à effet de serre – stockés naturellement dans les arbres – et à la destruction d'habitats et des ressources alimentaires de la biodiversité locale.

Enfin, la production agricole peut provoquer dans certaines régions de fortes augmentations de consommation de l'eau douce, entraînant parfois des sécheresses ou des pénuries dont pâtissent les populations locales.

Comme vous le découvrirez dans les pages 64 à 118 du livre, l'ensemble des impacts environnementaux de la phase de production varie prodigieusement d'un aliment à un autre. Le consommateur, dans ses choix alimentaires, jouit donc, au niveau de cette étape, d'une incroyable marge de manœuvre.

LA TRANSFORMATION INDUSTRIELLE

Cette étape du cycle de vie de nos aliments est principalement marquée par la consommation massive d'énergie liée aux procédés industriels de transformation et préparation alimentaire, mais également à la réfrigération voire la congélation. Cette phase nécessite également la consommation et la transformation de matières premières – pétrole, bois, sable, etc. – pour la production d'emballages. Ainsi, 70 % du marché de l'emballage en France concerne uniquement l'alimentation[6].

LE TRANSPORT, LE STOCKAGE ET LA DISTRIBUTION

Les impacts environnementaux de cette phase varient largement selon les moyens de transport. Particulièrement utile pour les produits frais exotiques – et donc rapidement périssables –, l'avion émet de massives émissions de gaz à effet de serre. On le retrouve en haut de la liste des moyens de transport les plus polluants. À l'inverse, le train, ou le ferroutage – c'est-à-dire le transport combiné rail-route – sont parmi les plus respectueux de l'environnement. L'intensité des impacts de cette phase dépend également de la distance que l'aliment parcourt de son lieu de production, de transformation à l'assiette. Les impacts liés au transport, au stockage et à la distribution sont donc bien moindres dans le cas d'une alimentation majoritairement locale.

LA CONSOMMATION

Cette phase concerne les impacts directs des gestes du consommateur. Il s'agit principalement de la consommation d'énergie destinée à réfrigérer/congeler, préparer et cuire les aliments. Bien que directs, ces impacts sur l'environnement sont moins importants. La majeure partie de l'empreinte environnementale de notre alimentation ne résulte pas de nos gestes directs en cuisine (temps de cuisson, durée d'ouverture du réfrigérateur, quantité d'eau utilisée pour le lavage des légumes, etc.). Elle réside surtout dans les pratiques (de production, de transformation, d'emballage, de transport, etc.) que nos choix de consommation encouragent : aliments non locaux, emballages nombreux, produits issus de pratiques agricoles conventionnelles, etc. Complexes à appréhender car difficilement visibles, ces impacts indirects mais massifs reflètent le pouvoir gigantesque d'un consommateur et donc sa marge d'action !

LA FIN DE VIE...

DES EMBALLAGES ET OBJETS À USAGE UNIQUE

Traités en décharge ou en incinérateur – selon les infrastructures dont dispose votre commune –, ces produits, bien qu'en fin de vie, continuent d'avoir une empreinte environnementale. Enfouis en décharge, les déchets et leur fermentation génèrent du méthane et des jus appelés lixiviats grandement toxiques en cas de fuite des bâches de protection. Brûlés en incinérateur, nos déchets ne connaissent pas une fin plus écologique. Ils dégagent des fumées extrêmement nocives, qui seront filtrées avant d'être rejetées. Ces filtres chargés de substances toxiques, ainsi que le mâchefer – le résidu non brûlé des déchets – constituent à leur tour des déchets hautement dangereux.

DES ALIMENTS NON CONSOMMÉS

Le gaspillage alimentaire chez le consommateur désigne l'ensemble des déchets alimentaires qui auraient pu être évités, par exemple par une meilleure conservation ou préparation. Au sein des ménages français, il représente en moyenne pas moins de 30 kg d'aliments par personne chaque année, soit l'équivalent d'un repas jeté chaque semaine[7]. Bien au-delà des impacts du traitement des déchets évoqué ci-dessus, le gaspillage alimentaire implique que l'empreinte environnementale de l'aliment, de sa production à sa fin de vie, n'aura servi absolument à rien. Réduire son gaspillage alimentaire revient donc à réduire les impacts de l'ensemble du cycle de vie de ses aliments.

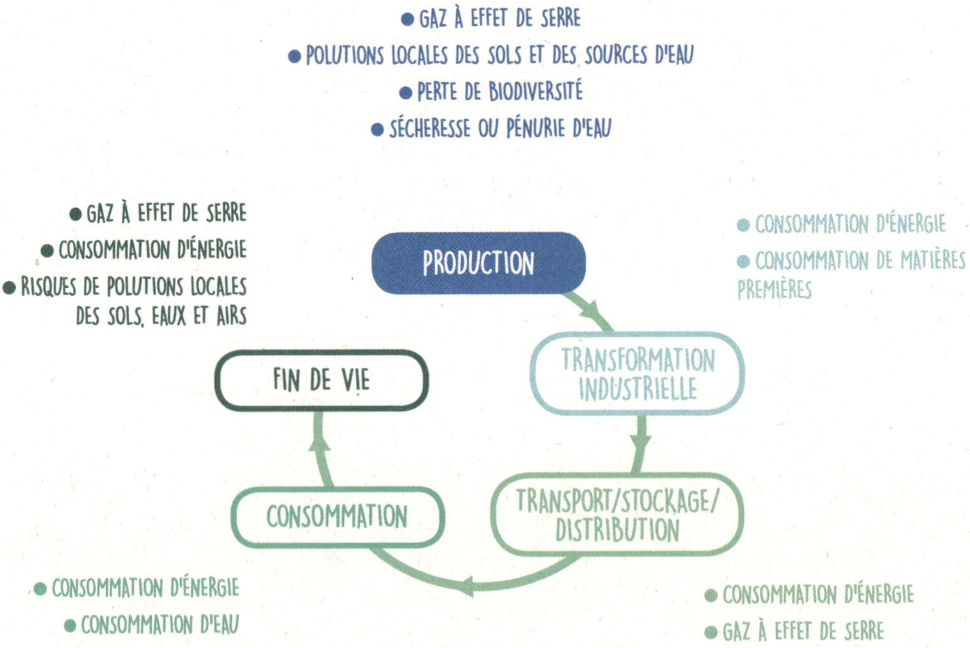

COMMENT UNE ALIMENTATION DURABLE EST-ELLE POSSIBLE ?

L'ensemble des impacts environnementaux de notre alimentation, bien que conséquents et nombreux, ne sont toutefois pas irrévocables. Des politiques publiques - régionales, nationales, européennes voire internationales -, des initiatives agricoles locales ou des changements de pratiques des acteurs agro-industriels se révèlent extrêmement efficaces à cet effet. Les modifications des consommations alimentaires individuelles représentent également un moyen tout aussi judicieux pour réduire l'impact environnemental du secteur alimentaire. Un changement massif et partagé des demandes de consommation peut déclencher la transition vers une alimentation durable. Il permettrait ainsi de se rapprocher de « *consommations alimentaires compatibles avec la protection et le respect de la biodiversité et des écosystèmes, culturellement acceptables, accessibles, économiquement équitables et financièrement abordables ; nutritionnellement adéquates, dépourvues de risques et saines ; tout en étant capables d'optimiser les ressources naturelles et humaines*[8] » , selon l'Organisation des Nations unies pour l'alimentation et l'agriculture (FAO).

Pouvoirs publics, secteur privé et consommateurs : l'engagement de chacun de ces trois acteurs est nécessaire à une réelle transition mais insuffisant pris isolément. Les actions et le pouvoir de chacun de ces acteurs sont indispensables et complémentaires. Les consommateurs détiennent le pouvoir de changer l'offre du marché par la demande : le secteur privé, par son intérêt économique propre, adapte son offre de produits et de services en fonction de ce que demandent leurs clients. À l'inverse, les entreprises, en proposant massivement d'elles-mêmes une offre plus respectueuse de l'environnement, peuvent réduire l'empreinte des consommateurs même non engagés. Enfin, les pouvoirs publics peuvent faciliter cette transition volontaire grâce à des aides financières, réglementaires ou politiques, et inciter, voire contraindre, les acteurs du secteur privé n'ayant pas modifié leurs pratiques à le faire. Chaque acteur a son rôle à jouer dans un engagement massif et partagé permettant de développer une transition environnementale réelle et effective. N'attendons pas que le changement vienne des autres, faisons chacun notre part, à notre échelle et à notre façon !

Ce livre vous donne toutes les clés dont vous avez besoin pour faire votre part pour réduire progressivement l'empreinte environnementale de votre alimentation. Je l'ai construit de manière à faciliter le choix des actions et assurer une transition douce et durable de vos habitudes. À la fin de chaque chapitre, vous trouverez une liste vous indiquant les possibilités d'actions concrètes qui s'offrent à vous et leur ordre de priorité, en fonction de leur efficacité et de leur niveau de facilité et d'engagement.

5 CONSEILS AVANT DE SE LANCER

CONSEIL N°1 : L'OBJECTIF N'EST PAS DE TOUT FAIRE !

Ce livre donne des centaines de possibilités à votre portée pour réduire les impacts environnementaux de votre alimentation. Mais pas de panique, l'objectif n'est évidemment pas de les réaliser toutes ! Choisissez celles qui vous plaisent et vous correspondent. Selon qu'on ait des enfants, qu'on habite en ville ou à la campagne, qu'on travaille 60 heures par semaine ou qu'on ait certaines préférences alimentaires, toutes ces actions, astuces et recettes ne sont pas faisables par tous. Si vous habitez en milieu rural, il ne s'agit pas de faire des dizaines de kilomètres en voiture pour acheter en vrac. Vous avez à votre disposition des centaines d'autres actions aussi efficaces qui vous seront bien plus accessibles et faciles. Votre nouvelle règle d'or : choisissez des actions qui vous plaisent !

CONSEIL N°2 : FIXEZ-VOUS DES OBJECTIFS RÉALISTES

Zéro déchet, zéro carbone, zéro gâchis, zéro viande... Là non plus, l'objectif n'est pas de tout accomplir à tout prix ! En témoignent mes premiers pas dans le « zéro déchet » (voir page 14) : à vouloir atteindre l'extraordinaire objectif de faire tenir l'ensemble des mes déchets (non recyclables ni compostables) de l'année dans un bocal (un résultat très présent sur les réseaux sociaux), ma transition environnementale avait fini par rimer avec sacrifices et frustration. La meilleure façon de ne pas conserver ses nouvelles habitudes sur le long terme. J'ai donc revu mes objectifs à la baisse pour qu'ils soient cette fois plus réalistes. Résultat : j'ai réduit mes déchets, non plus de 98 %, mais de 80 % (soit environ l'équivalent d'une petite poubelle de quelques litres par mois) et voilà plus de quatre ans que cette démarche plus réaliste est fermement ancrée dans mon quotidien, sans frustration. En bref, exit l'objectif de supprimer de votre quotidien le moindre morceau de plastique ou déchet. Si vous parvenez à réduire vos déchets de 50 ou 60 %, soyez (très) fier de cet accomplissement.

CONSEIL N°3 : NE CHANGEZ PAS TOUT DU JOUR AU LENDEMAIN

Nos habitudes quotidiennes sont le fruit de notre éducation, de notre culture, de notre environnement social, géographique, etc. Elles sont profondément ancrées en nous. Ne cherchez donc pas à toutes les changer du jour au lendemain, au risque de les voir revenir au galop et de vous démotiver. Changer les lieux où l'on fait ses courses, les produits qu'on met dans son assiette, sa façon de percevoir ses repas ou même tout simplement la gestion de ses poubelles, cela prend du temps. Lorsque je parle de mes habitudes écologiques à des novices, la question qui revient toujours est la suivante : « Comment trouves-tu le temps de faire tout cela ? Ça me paraîtrait être une montagne ». Il est certain que passer d'un quotidien « classique » à un quotidien plus écologique d'un seul coup s'apparenterait en effet à une montagne. Mais rassurez-vous, seule la transition elle-même prend un peu de temps, d'énergie, d'attention, etc. (même si ce livre a pour objectif de la faciliter !). Mais une fois cette étape passée, vos nouvelles habitudes seront de vrais automatismes, auxquels vous n'aurez plus à penser !

CONSEIL N°4 : PAS DE PRESSION !

L'intitulé de ce conseil parle de lui-même ! Vos nouvelles habitudes du quotidien ne doivent pas être une source de pression, de frustrations et encore moins de stress. C'est d'ailleurs l'objectif des précédents conseils. Faites de cette démarche une aventure personnelle (ou familiale) positive, pleine de découvertes, de tests, d'expériences... Si pour une raison ou une autre, vous ne pouvez pas réaliser une action qui pourtant vous plaît, pas de panique ! En voyage par exemple, impossible pour moi de conserver toutes mes habitudes écologiques : composter, acheter local ou trouver mes aliments sans emballage est souvent compliqué à faire. Je ne vais pas gâcher mes vacances à chercher pendant des heures un lieu où composter les quelques épluchures de mon séjour ! Je fais largement ma part le reste de l'année pour que ces quelques impacts anecdotiques n'entravent en rien l'objectif de ma démarche globale !

CONSEIL N°5 : N'ESSAYEZ PAS DE CONVAINCRE VOS PROCHES… AU RISQUE D'OBTENIR L'EFFET INVERSE !

Cette problématique est si souvent évoquée lors de mes conférences qu'il m'était impossible de ne pas la mentionner ici. Si vous avez commencé ou accompli votre transition environnementale et que vous vous apercevez de la facilité et des avantages personnels (sur le plan financier, de la santé, du bien-être, etc.) de cette démarche, vous vous posez alors probablement deux questions : « Pourquoi je n'ai pas fait ça avant ? » et « Pourquoi mes proches ne le font pas également ? ». Vouloir convaincre ses amis ou sa famille de changer leurs habitudes, que ce soit pour eux-mêmes ou pour l'environnement est très tentant, croyez-moi ! Toutefois, cela peut s'avérer contre-productif. Et ce, que votre discours soit culpabilisant (rien de plus contre-productif que l'argument « Tu devrais avoir honte de ne pas faire cela pour l'environnement » ou « C'est de la faute de personnes comme toi qui ne font rien ») ou non. Dans ma propre expérience, l'attitude qui s'est montrée la plus efficace pour convaincre mes proches de faire leur part à leur échelle a été… de ne pas essayer de les convaincre, justement ! La curiosité de mes amis, de mes collègues, de ma famille a simplement d'abord été piquée par mes nouvelles habitudes. « Pourquoi tu n'utilises plus de sacs jetables ? », « C'est vrai que le plastique peut être toxique pour la santé ? », « C'est quoi en fait le compost ? ». Mes nouvelles habitudes ont poussé certains de mes proches à s'interroger spontanément quant aux impacts de leurs gestes quotidiens sur leur propre santé, sur l'environnement, etc. La plupart du temps, je ne suis intervenue qu'à leur demande (« Cool ton produit vaisselle maison. Tu pourrais m'en faire un pour que je teste ? ») ou pour favoriser la transition qu'ils avaient décidé de réaliser. Mon expérience m'a appris que, même sans le vouloir, votre propre transition aura probablement des effets positifs sur plusieurs personnes autour de vous. Imaginez alors votre force de frappe lorsqu'une simple personne peut impacter 3 à 4 personnes, qui en impacteront elles-mêmes à leur tour 3 ou 4 autres. Raison de plus pour passer à l'action !

En bref…
L'objectif n'est pas nécessairement de tout faire, mais de faire votre part, à votre rythme et à votre manière !

Chapitre 1

RÉDUIRE SES DÉCHETS EN CUISINE

Lorsque j'ai commencé ma transition vers la réduction de mes impacts sur l'environnement, les courses alimentaires ont été un des sujets auxquels je me suis attelée en premier. Pourquoi ? Parce que c'est de nos courses que provient la majorité des habitants de nos poubelles. Sur le banc des accusés : les emballages alimentaires, qui représentent 150 des 365 kg de déchets que nous jetons en moyenne par personne chaque année. À leurs côtés, les déchets compostables, aussi appelés déchets organiques, qui remplissent un tiers de nos ordures ménagères.

J'ai donc petit à petit changé mes habitudes de consommation, les produits que j'achetais, les commerces que je fréquentais. Quelques mois après, la poubelle de ma cuisine en était réduite à quelques emballages par semaine. Le résultat obtenu et le chemin parcouru presque sans embûches dépassaient toutes mes plus belles espérances.

Puis, au hasard de mes lectures, j'ai réalisé que les déchets que je produisais dans ma cuisine ne s'arrêtaient pas à sa poubelle. J'ai alors découvert l'existence de déchets bien plus perfides encore : ceux que nous ne voyons pas. Ceux qui arrivent bien plus en amont dans le cycle de vie de nos objets. Souvent sous-estimés, à tort, il s'agit des matières nécessaires à la fabrication de nos objets neufs, à compter par dizaines, voire centaines de kilos par objet. Poêles, casseroles, moules, petit et gros électroménager... la cuisine ne déroge pas à ce phénomène. Mais des solutions plus durables ne manquent pas.

POURQUOI LE MEILLEUR DÉCHET N'EST PAS NÉCESSAIREMENT RECYCLABLE

COMPRENDRE (ENFIN) LE RECYCLAGE

Depuis plus d'un siècle, notre économie suit un modèle linéaire. Les biens produits y connaissent un début (l'extraction/production des matières premières) et une fin (la fin de vie des objets). Leur production nécessite donc en permanence de nouvelles matières premières (minerais, métaux, eau, pétrole, ressources agricoles, bois, etc.) et génère continuellement des déchets (traités en décharge ou en incinérateur).

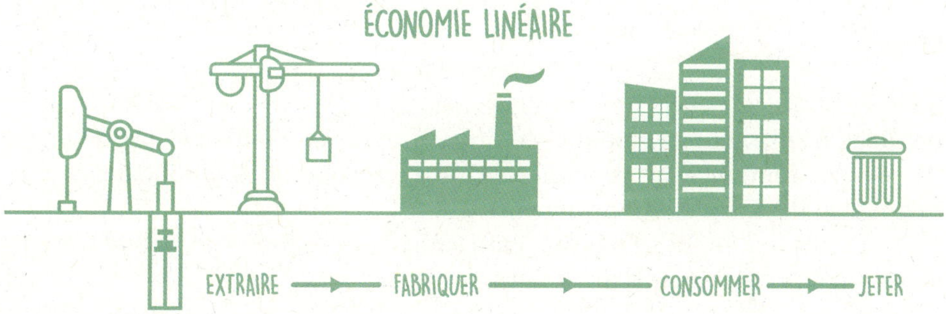

L'antithèse de ce modèle est celui de l'économie circulaire, qui ferme la boucle. Les biens, même en fin de vie, y retrouvent un usage. Ils peuvent être par exemple réparés ou réemployés. Dans le cas du recyclage, les déchets sont transformés en nouvelles ressources – qu'on appelle les matières premières secondaires – utilisées dans la fabrication de nouveaux biens. Ce processus permet de réduire la production et l'extraction de nouvelles matières premières et ainsi leurs impacts sur l'environnement.

QU'EST-IL POSSIBLE DE RECYCLER ?

Certaines matières, comme le verre, peuvent se recycler en totalité et à l'infini. Ce n'est pas le cas des plastiques, qui ne peuvent être recyclés qu'une certaine quantité de fois avant de perdre trop en qualité et résistance. Parfois même, il est impossible de les recycler, selon l'équipement du centre de recyclage local. C'est pour cette raison que les consignes de tri varient d'une commune à l'autre.

LE SAVIEZ-VOUS ?
La vaisselle ne se recycle pas. Ne jetez donc pas vos verres à boire cassés dans le bac à verre !

Pas toujours facile de s'y retrouver, d'autant que certaines matières portent parfois à confusion. C'est le cas du PET opaque, un plastique lisse et brillant utilisé dans certaines bouteilles de lait ou d'huile fraîchement apparues dans nos rayons. Il est composé de PET, le plastique habituellement utilisé dans nos bouteilles, auquel du dioxyde de titane a été ajouté dans le but de l'opacifier et de le teinter de blanc. Le problème ? Ce composé altère gravement la qualité du plastique recyclé lorsqu'il y est présent en grande quantité. Bien qu'il soit indiqué sur son étiquette comme recyclable (puisqu'il l'est, mais en très petite quantité seulement), il vaut mieux lui préférer les bouteilles en plastique classiques. Ironie de la situation, ce PET opaque est souvent présenté par ses fabricants comme une alternative plus écologique, car plus fine et donc moins consommatrice de plastique !

La bonne adresse

Un doute ? Consultez la plateforme Le Guide du Tri (consignesdetri.fr). Indiquez-y le nom de l'emballage que vous souhaitez jeter (barquette de fraises, pot de yaourt, etc.) puis votre code postal. Le site vous signalera la couleur de la poubelle à laquelle votre déchet appartient, selon les consignes de tri de votre ville.

EXEMPLES DE PRODUITS ISSUS DU RECYCLAGE

LE RECYCLAGE EST-IL VRAIMENT LA SOLUTION ?

Lorsque j'ai travaillé à la mairie de San Francisco sur sa politique de réduction des déchets, j'ai eu la chance d'y visiter le plus grand centre de tri du monde (un vrai rêve d'enfant pour une passionnée des déchets comme moi). Sous mes yeux ébahis s'articulaient à une vitesse folle des dizaines de machines entrelacées les unes aux autres sur plusieurs étages de tapis roulants sans fin. Des milliers de kilos de déchets filaient sous mes pieds chaque seconde. De quoi en avoir le tournis. Alors que le conférencier nous vantait les mérites - à raison - du recyclage, je réalisais que tout cela avait toutefois un prix à payer. Quelle quantité d'énergie fallait-il dépenser pour transporter, trier et transformer les si nombreuses bouteilles, papiers et canettes que nous jetions chaque jour ?

Nos déchets recyclables voyagent en effet bien plus que nous ! Ils seront d'abord collectés par camion en porte-à-porte, puis transportés dans un centre de tri. Ils verront ensuite du pays jusqu'à leur centre de recyclage, parfois plusieurs dizaines de kilomètres plus loin. Les déchets plastiques, eux, traverseront même souvent la moitié du globe pour être recyclés en Asie. Les détritus en verre ou en métal seront lavés puis chauffés à très hautes températures (jusqu'à 1 500 °C pour le verre) pour être fondus. Les papiers, eux, seront broyés puis trempés dans l'eau, nettoyés et désencrés pour former une nouvelle pâte à papier. Ainsi, chacune des multiples étapes que subissent nos déchets recyclables se révèle bien gourmande en énergie.

Mais halte aux conclusions hâtives, il ne s'agit pas de tourner le dos au recyclage ! Ce processus, certes imparfait, permet indéniablement d'éviter de larges impacts sur l'environnement. On le compte donc parmi les solutions durables pour nos déchets. Il ne représente néanmoins pas la plus efficace d'entre elles. Très économe en matières premières et en énergie, la « réduction à la source » - c'est-à-dire la diminution des quantités de déchets, recyclables ou non, que nous générons - constitue, elle, LA solution idéale. En d'autres termes...

LE MEILLEUR DÉCHET N'EST PAS CELUI QUI EST RECYCLABLE, C'EST CELUI QUI N'A JAMAIS ÉTÉ PRODUIT

Dans l'idéal, une solution ne générant aucun déchet - comme une gourde d'eau - est donc préférable aux objets recyclables - tels que des bouteilles plastiques d'eau. C'est sur ce principe que se base l'économie circulaire (voir schéma ci-dessous) : plus la boucle est large, plus la réutilisation de l'objet/du déchet nécessite d'étapes de transformation et/ou de transport et donc d'énergie. Il s'agit donc de privilégier autant que possible les boucles les plus petites, en préférant réparer ou réutiliser, plutôt que recycler.

Que faut-il en retenir ? Idéalement, réduire ses déchets ne revient pas à opter pour le 100 % recyclable, mais à en réduire à la source leur production, tous déchets confondus (recyclables ou non). Pour cela, choisissez les astuces qui vous plaisent parmi les dizaines évoquées dans les pages suivantes !

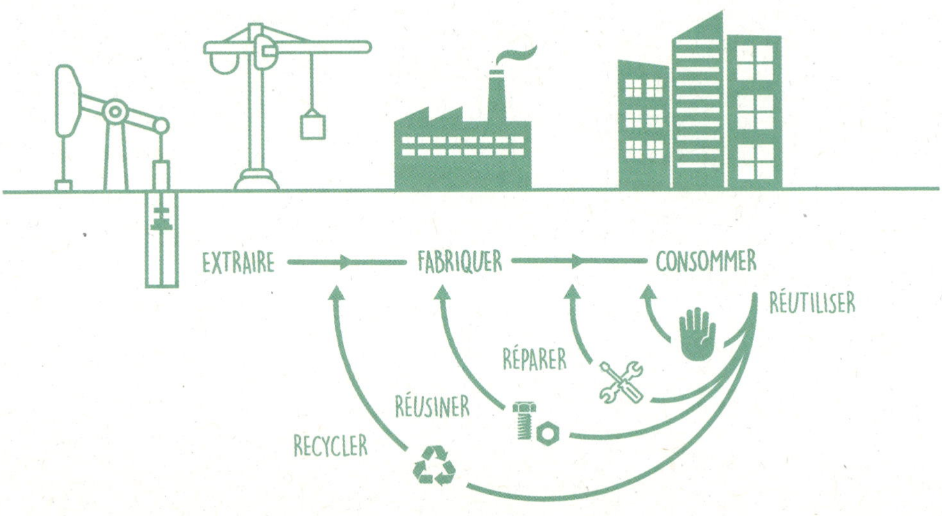

Attention, piège !

Ce logo ne signifie pas que votre emballage est recyclable ! Appelé le Point Vert, il indique simplement que le fabriquant a payé sa part à un éco-organisme. Une cotisation obligatoire en France s'il ne prend pas lui-même en charge le traitement de ses emballages en fin de vie.

L'INTERVIEW D'EXPERT

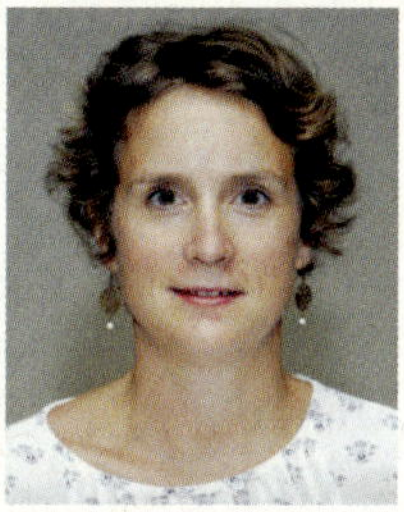

© Sophie Bonnier

Sophie Bonnier est experte en écodesign d'emballages et en recyclage

1 Pourquoi les consignes de tri ne sont pas identiques d'une commune à l'autre en France ? Quand le seront-elles ?

Lorsque le tri s'est développé dans les années 1990, les collectivités locales ont eu la possibilité de choisir la manière de collecter les déchets (bacs de tri dans la rue ou à domicile, nombre de bacs, etc.) mais aussi la couleur des bacs, ce qui a donné cette grande variété française.
La Feuille de route pour l'économie circulaire (FREC) prévoit pour 2022 une simplification du geste de tri, c'est-à-dire que tous les emballages seront triés dans le même bac : métaux, cartons, briques cartons, plastiques (bouteilles, barquettes, sachets), et uniformisation de la couleur, ce sera jaune pour tout le monde !

2 Aura-t-on tous un jour un bac de collecte des déchets compostables ?

La loi de transition énergétique pour la croissance verte prévoit un déploiement de la collecte des biodéchets. Les collectivités vont-elles donner aux citoyens des composteurs à domicile ou organiser une collecte en porte-à-porte comme pour la poubelle grise ? Toutes ces questions sont encore en suspens. En tout cas, cela fonctionne dans certaines communes, comme Lorient ou Paris (dans les 12e et 3e arrondissements).

3 Comment fonctionne le recyclage de nos déchets d'emballages ?

Les déchets d'emballages sont collectés *via* la poubelle de recyclage, triés par matériaux en centres de tri, puis recyclés suivant différentes techniques. Le verre, les métaux (acier, aluminium) sont chauffés pour être refondus et utilisés pour faire de nouveaux emballages ou produits (voiture, boules de pétanque). Le papier et le carton sont broyés, puis pulpés, c'est-à-dire que l'on refait de la pâte à papier, que l'on utilise pour faire de nouveaux cartons. Les bouteilles en plastique sont broyées, transformées en granulés de plastique et puis utilisées pour faire de nouveaux emballages, des arrosoirs ou tuyaux ou de la fibre pour faire des pulls, couettes, etc.

4 Quelle est la matière la plus facile à recycler ?

Bonne question ! Le verre et les métaux sont faciles à recycler car le fait de tout fondre permet d'éliminer les impuretés (étiquettes, restes de produits), mais le procédé consomme beaucoup d'énergie.

5 Combien de fois peuvent se recycler le plastique, le verre, le métal et le papier ?

Le verre et les métaux se recyclent à l'infini. Le papier et le carton sont constitués de fibres de cellulose. À chaque cycle de recyclage, on coupe cette fibre, qui devient de ce fait de moins en moins résistante. Quant aux bouteilles plastiques, celles-ci se recyclent un nombre limité de fois avec les techniques de recyclage actuelles (dites mécaniques) car il y a des impuretés dans le plastique.

6 Certains déchets peuvent se recycler mais ne sont pas à trier dans le bac classique de recyclage. Que faire par exemple du linge de maison ou de l'électroménager lorsqu'ils sont trop usés pour être réutilisés ou donnés à des associations ?

Effectivement, le bac de recyclage permet uniquement de trier les emballages et les papiers. Les textiles doivent être déposés dans les bornes « relais », ils seront triés puis soit revendus en friperies, soit recyclés en textiles industriels (comme les couvertures de déménageurs). L'électroménager peut être donné au magasin où l'on va acheter une nouvelle machine car ils ont l'obligation de le reprendre.

7 Derniers conseils, astuces ou informations pour mieux trier ses déchets ?

Considérer les déchets comme des ressources ayant de la valeur pour la planète et toujours se demander quelle réutilisation ou recyclage on pourrait leur donner. Quand on a un doute, ne pas hésiter à télécharger les applis comme Le Guide du tri qui aident à trier, à trouver les poubelles dans la rue, etc. Aujourd'hui 90 % de la population déclare trier ses emballages, mais seulement la moitié le fait systématiquement, la planète a besoin que ce club des trieurs systématiques grandisse, on compte sur vous !

ACHETER SANS EMBALLAGES, C'EST POSSIBLE ?

La première étape de mon aventure dans la réduction de mes déchets a été celle du diagnostic. Rien de plus simple : il s'est agi d'ouvrir ma poubelle et de regarder ce qui s'y trouvait. Quels types de déchets contient-elle ? Lesquels sont jetés en plus grand nombre ? D'où proviennent-ils ? En identifiant la source de mes déchets les plus nombreux, je discernais les habitudes quotidiennes auxquelles m'attaquer en priorité. Les gestes aux impacts anecdotiques car occasionnels et/ou peu nombreux, comme l'utilisation de film étirable ou de serviettes en papier, seraient pour plus tard. Verdict : les courses alimentaires arrivaient de loin premières sur la liste. Et pour cause, un Français jette en moyenne 150 kg d'emballages chaque année[1], dont pas moins de 85 % destinés

LE SAVIEZ-VOUS ?
En 2017, près de la moitié de la demande de plastique (par des transformateurs) était destinée à la fabrication de nos emballages[3].

« Un Français jette en moyenne 150 kilos d'emballages par an, dont 85 % d'emballages alimentaires »

à nos aliments[2]. Je m'attaquerais donc d'abord aux emballages alimentaires. Moi qui me procurais la quasi-totalité de mon alimentation en supermarché, cela me paraissait irréalisable. Pas un mets du rayon frais n'était dépourvu d'une ou plusieurs couches de plastique ou de carton. Les denrées sèches étaient emballées en petits contenants. Même les fruits et légumes biologiques étaient introuvables sans un film jetable, voire une barquette de polystyrène. N'y avait-il alors pas une autre façon de faire ses courses ? La réponse était en réalité sous mes fenêtres. Le marché, les petits commerçants et même les rayons vrac de la boutique d'à côté m'offraient une multitude de denrées, dont pas une seule n'était enveloppée de quelque matériau que ce soit. Si la solution pour réduire mes déchets d'emballages était si simple, c'était bien là une surprise. J'allais donc tester petit à petit, à mon rythme et les unes après les autres, ces nouvelles opportunités qui s'ouvraient à moi.

EN PRATIQUE...

LENTILLES, RIZ, SUCRE, NOIX... : DIRECTION LE VRAC !

Depuis quelques années, les rayons vrac se multiplient dans nos magasins. Proposant des denrées au poids, ils permettent de réduire drastiquement les emballages de nos aliments secs : lentilles, haricots secs, riz, semoule, céréales, sucre, farines, fruits secs ou même parfois biscuits et chocolat.

Le principe ? Se servir soi-même la quantité souhaitée, en la versant dans un des sachets en papier mis à disposition dans le rayon, puis payer au poids. Comme évoqué page 30, le meilleur déchet n'est-il pas non pas celui qui est recyclable, mais celui qui n'a jamais été produit ? Si vous souhaitez aller encore plus loin et éviter ces sachets en papier – certes recyclables mais qui n'en restent pas moins à usage unique – adoptez des sachets en tissu lavables.

En vente en magasins biologiques et sur Internet, voire même à faire soi-même, ces sacs en coton se glissent dans son panier de courses. Une fois dans le rayon, utilisez-les comme des sachets en papier. Extrêmement légers, ils ne poseront aucun problème lors de la pesée. Une fois chez vous, stockez vos denrées dans des bocaux en verre (plus d'informations sur le verre page 39) puis lavez vos sachets avec votre linge habituel. Laissez-les simplement sécher à l'air libre, nul besoin de les repasser. Une astuce simple, à adopter au moins de temps en temps pour réduire encore davantage vos emballages. Autre avantage du vrac, le prix. Les prix du vrac – particulièrement ceux des aliments bruts, comme les légumineuses, les fruits secs, le sucre, le riz ou encore la semoule – sont généralement plus bas que leurs équivalents emballés. L'Institut national de la consommation constate d'ailleurs des différences de prix pouvant aller jusqu'à 38 %[4]. En revanche, la balance du prix penche légèrement moins en faveur du vrac pour les denrées préparées, comme le muesli, les biscuits, le chocolat ou encore les snacks apéritifs.

On trouve aujourd'hui des rayons vrac dans la totalité des magasins biologiques et dans de plus en plus de super- et d'hypermarchés. Il existe même des épiceries entièrement dédiées au vrac, offrant des denrées sèches mais également des produits ménagers et des cosmétiques sans aucun emballage. Trouvez celle près de chez vous sur la carte interactive du Réseau Vrac (www.reseauvrac.org).

VIANDE, FROMAGE, POISSON, PLATS PRÉPARÉS... : REDÉCOUVREZ VOS COMMERÇANTS

La viande, le poisson ou encore les laitages des petits commerçants - au marché et en boutique - présentent généralement peu (voire pas) d'emballage, se résumant souvent à un film papier. De quoi diminuer drastiquement le volume de vos déchets !

Pour aller encore plus loin, vous pouvez même apporter vos propres boîtes alimentaires (les plus légères, c'est-à-dire celles en plastique ou en inox - plus d'informations page 41) chez vos commerçants afin d'éviter tout emballage. Plus facile à dire qu'à faire, puisque au début de ma transition, des dizaines de fois je n'ai pas osé les sortir de mon panier ! Lorsque je l'ai enfin fait, en expliquant avec plaisir et sans jugement ma démarche, quelle a été ma surprise. La très grande majorité de mes commerçants ont compris, apprécié et accepté l'effort avec enthousiasme.

LES FRUITS ET LÉGUMES : AU MARCHÉ ET DANS LES MAGASINS BIO

Et les fruits et légumes ? Souvent emballés en barquettes sous film plastique ou en filets de plastique, les fruits et légumes prépesés voire prépelés ou prédécoupés sont source de volumineux déchets. Il est préférable de les éviter lorsque cela est possible et de privilégier les fruits et légumes en vrac. Mieux encore, vous pouvez utiliser des sachets lavables en tissu (ceux évoqués ci-contre pour le vrac) pour dire au revoir aux sachets en papier recyclables (voir page 27) ou en plastique compostable (plus d'informations page 60).

C'est qui le patron ?!

La marque *C'est qui le patron ?! - La marque du consommateur* propose un système innovant, où le consommateur est le décideur. En adhérant pour 1 euro symbolique, les consommateurs établissent, par un vote, les pratiques de production et de distribution des produits : nombre de jours de pâturage des vaches laitières, nombre maximum de kilomètres parcourus jusqu'au point de vente, rémunération du producteur, prix final de vente, etc.

LE DÉFI « FÉVRIER SANS SUPERMARCHÉ »

Depuis quelques années, ce défi sur Internet propose de tenter un mois sans aller au supermarché. Pas seulement dans l'objectif de réduire ses déchets, mais également pour favoriser des modes de distribution plus égalitaires. En effet, le système de la grande distribution exerce de très fortes et constantes pressions sur les agriculteurs pour faire baisser leurs tarifs, même lorsque cela implique une production à perte pour le producteur. Cela permet aux supermarchés de rester concurrents dans la « guerre des prix bas » et d'assurer leurs larges marges à la vente.

SANTÉ : LES MATÉRIAUX NOCIFS À BOUDER EN CUISINE

Il y a cinq ans, lorsque j'ai découvert les impacts environnementaux de l'extraction du pétrole, de sa transformation, des incinérateurs ou encore des décharges, j'ai réalisé combien notre utilisation massive des plastiques était néfaste à l'environnement, sur des moyen et long termes. Six mois de réduction de mes déchets et de nombreuses lectures plus tard, j'ai (enfin) réalisé que notre santé pâtissait tout autant de ce matériau. Parmi les additifs utilisés pour colorer, assouplir ou affiner les plastiques, se trouvent de nombreux perturbateurs endocriniens. Ces substances peuvent migrer dans un aliment et ainsi être ingérées. Une fois présentes dans le corps, elles interfèrent avec le travail des hormones (le système endocrinien). Les hormones entrant en jeu dans de nombreuses fonctions de notre organisme (fonctions cérébrales, reproduction, croissance, nutrition, etc.), ces dernières s'en trouvent donc altérées, ce qui peut aboutir par exemple à une augmentation des risques de cancers, une diminution de la qualité et de la quantité des spermatozoïdes chez les hommes ou même une prédisposition à l'obésité. Précisons que les organes des fœtus, bébés et enfants étant en pleine formation et moins efficaces pour éliminer ces éléments toxiques, ils sont particulièrement sensibles aux effets des perturbateurs endocriniens.

Cosmétiques, produits ménagers, meubles, ustensiles de cuisine et emballages alimentaires : je m'empoisonnais lentement, sans même le savoir. Après une phase de stupeur lors de mes découvertes, la colère a succédé. Pourquoi l'utilisation et la commercialisation de ces produits sont-elles parfaitement légales ? Comment l'école et les autorités publiques, pourtant si engagées pour une bonne nutrition et de l'exercice physique dès le plus jeune âge, ne nous apprennent pas à protéger notre santé contre ces poisons cachés ? Comment de si nombreuses marques continuent-elles à mettre dans nos mains et celles de nos enfants de telles substances potentiellement toxiques ? Ces questions sans réponse ne m'ont pas empêchée de changer progressivement mes habitudes, à commencer par les types d'emballages alimentaires que je privilégiais. Parce qu'acheter 100 % de ses aliments sans la moindre trace d'emballage est mission impossible aujourd'hui en France, une étude de la toxicité des emballages s'imposait. Lesquels sont les plus nocifs pour ma santé ? Lesquels dois-je bannir ou éviter au maximum ? Lesquels puis-je acheter les yeux fermés ?

À partir de quelle quantité un perturbateur endocrinien est-il dangereux ?

Difficile de répondre à cette question malheureusement, notamment parce que cela varie d'un perturbateur endocrinien et d'une personne à l'autre. D'autant que certaines substances sont actives en petites quantités, alors que d'autres ne le sont qu'en grandes quantités, une fois qu'elles se sont accumulées dans le corps...

PLASTIQUES : ATTENTION À L'ACIDITÉ, AU GRAS ET À LA CHALEUR

Phtalates, bisphénol D, bisphénol F... leur migration de nos emballages vers nos aliments peut être encouragée ou provoquée par différents facteurs, à limiter au maximum dans son quotidien :

UN CONTACT PROLONGÉ : de manière générale, plus un aliment est en contact direct et prolongé avec son emballage plastique (lors de son stockage chez le fabricant, en magasin puis à domicile), plus les risques de migration des additifs du matériau sont élevés. Certains plastiques présenteraient plus de danger que d'autres. C'est le cas notamment du polystyrène, souvent utilisé sous forme de barquettes pour conditionner la viande, le poisson ou encore les fruits et légumes et classé comme « cancérogène possible » par le Centre international de recherche sur le cancer. Pour cette raison et parce qu'il est difficile, voire impossible, de le recycler, une quarantaine de villes américaines comme San Francisco ou Washington en ont même interdit la commercialisation !

UN ALIMENT ACIDE : l'acidité peut favoriser la décomposition prématurée de certains plastiques. Le contact direct de ces derniers avec des tomates, du soda ou encore des agrumes est donc à limiter au maximum. Cette règle s'applique également aux boîtes de conserve. En effet, l'aliment n'y est pas en contact direct avec le fer, mais avec la résine plastique recouvrant l'intérieur du contenant ! C'est dans cette couche plastique que se trouvait le bisphénol A (BPA), un perturbateur endocrinien très médiatisé, cancérogène avéré et interdit dans les contenants alimentaires en France depuis 2015. Aucune raison de baisser la garde toutefois, car il aurait été remplacé par d'autres additifs, comme les bisphénols F et S, suspectés de présenter également un danger pour la santé du consommateur.

Plastique sans BPA = plastique sans danger ?

Non ! L'indication « sans BPA » ne garantit en aucun cas l'absence d'autres perturbateurs endocriniens tout aussi dangereux. Par ailleurs, rappelons que l'absence de BPA dans les contenants alimentaires est une obligation légale en France. Elle ne traduit donc pas un engagement particulier de la marque.

UN ALIMENT GRAS : certains additifs des plastiques sont liposolubles, c'est-à-dire solubles dans les corps gras. Lorsque c'est possible, il est donc préférable de limiter les cas de contacts directs et prolongés d'un aliment gras avec des plastiques, comme c'est le cas pour les bouteilles d'huile en plastique ou encore les barquettes de beurre ou de margarine.

UNE TEMPÉRATURE ÉLEVÉE : la chaleur favorise la libération de certains composants des plastiques. Cela peut être le cas par exemple des repas chauffés au micro-ondes dans des boîtes en plastique (même lorsqu'elles sont dites « micro-ondables »), des aliments cuits dans leur emballage plastique (comme c'est le cas des sachets individuels de riz), de l'eau chauffée dans une bouilloire électrique en plastique, des plats chauds dégustés dans de la vaisselle plastique, des gobelets jetables de cafés, etc.

Gare aux apparences trompeuses

Une boisson vendue en brique de carton n'est pas en contact avec du carton mais du plastique. En effet, cet emballage est composé à l'extérieur d'une couche de carton, puis d'une feuille d'aluminium, et à l'intérieur d'un film plastique. Ces différents matériaux sont complexes à séparer et donc à recycler.

LE CARTON, UNE SOLUTION POUR DES EMBALLAGES PLUS SAINS ?

O.K., on supprime le plastique et on se rabat massivement sur les emballages cartons ? Malheureusement la solution n'est pas aussi simple... Le carton aussi peut présenter des substances nocives pour la santé. En 2015, l'ONG européenne Food Watch a analysé 120 produits alimentaires emballés en contact direct avec du carton (riz, pâtes, couscous, lentilles, cacao...) et commercialisés en grandes surfaces en France, en Allemagne et aux Pays-Bas, dans le but d'y déceler d'éventuelles traces d'huiles minérales, des dérivés du pétrole. Les résultats sont accablants, puisque des traces de ces huiles ont été détectées dans plus de 8 produits sur 10 (86 %). Celles retrouvées dans presque la moitié (43 %) des aliments analysés sont considérées comme potentiellement mutagènes (c'est-à-dire pouvant altérer le patrimoine génétique) et cancérogènes[5]. La présence de ces dérivés de pétrole peut être expliquée par leur utilisation lors des processus de fabrication des produits, de leur transport ou de leur stockage, mais surtout par l'utilisation de cartons recyclés. En effet, ces derniers proviennent souvent de papiers ou cartons non destinés au contact alimentaire, comme des journaux ou des tickets de caisse, imprimés à l'aide d'huiles minérales.

ALORS QUE FAIRE ?

Pour réduire ces risques sanitaires, il convient d'éviter dès que possible les emballages alimentaires et préférer des aliments achetés en vrac (voir page 34) ou dans des matériaux inertes comme le verre.
Pas facile de se passer d'emballages pour beaucoup d'aliments toutefois. Dans ces cas-là, évitez les gestes évoqués précédemment qui favorisent la migration de leurs substances (chauffer du plastique, le mettre en contact avec un aliment gras, etc.). Pour limiter le contact direct de vos aliments longue conservation (céréales, riz, pâtes, etc.), conservez-les dans des bocaux en verre (récupérez ceux de vos soupes ou confitures ou achetez-en pour quelques euros sur Le Bon Coin).

EN PRATIQUE...

QUELS USTENSILES ÉVITER POUR CUISINER SANS DANGER ?

Les risques que présentent les matériaux décrits précédemment s'appliquent également à la vaisselle et aux ustensiles de cuisine. Il convient donc de les choisir avec minutie dans l'objectif de réduire significativement ses expositions à leurs composants nocifs.
Selon les connaissances scientifiques disponibles aujourd'hui, les ustensiles et accessoires suivants présenteraient d'importants risques pour la santé :

LES POÊLES ET CASSEROLES ANTIADHÉSIVES

Soumis à de hautes températures, leur revêtement relâcherait des résidus d'acide perfluoro-octanoïque (PFOA), un composant potentiellement toxique pour la santé humaine. Les poêles en céramique, bien que souvent présentées comme une alternative plus saine, sèment le trouble quant à leur toxicité suspectée mais non prouvée. Mieux vaut donc se tourner vers des valeurs sûres : les poêles et casseroles en fonte ou en inox (acier inoxydable). Ces matériaux sont inertes et bien plus durables. À la différence des poêles antiadhésives à remplacer tous les deux ans, leur durée de vie atteint généralement 20 ans !
Les accessoires antiadhésifs restent toutefois indispensables à certaines préparations, comme les crêpes. Dans ce cas, n'utilisez jamais de couteaux ou d'ustensiles en métal. Ils y formeraient des rayures, par lesquelles les composés de colles s'échapperaient facilement. Pour cette raison, remplacez-les immédiatement si elles présentent des rayures ou des chocs.

LES MOULES ET PLATS À FOUR EN SILICONE

Selon une enquête menée par *60 millions de consommateurs* publiée en 2019, certaines substances utilisées lors de la fabrication de moules en silicone peuvent migrer vers l'aliment cuit. Ces risques s'amplifieraient lorsque le matériau est au contact de matière grasse, comme l'huile ou le beurre. Pour les raisons évoquées ci-dessus, les moules au revêtement antiadhésif présenteraient les mêmes risques. Il convient donc d'utiliser des plats à four en pyrex (un type de verre résistant aux hautes températures) ou en céramique.

LES BOÎTES ALIMENTAIRES EN PLASTIQUE

Comme évoqué page 37, les risques de migration de composants d'un plastique vers un aliment sont décuplés en cas de contact direct et prolongé. C'est notamment le cas des restes de repas stockés dans des boîtes alimentaires en plastique. Ici aussi, un plastique abîmé, rayé ou vieilli est d'autant plus dangereux. Si vous le pouvez, remplacez-les petit à petit par des boîtes alimentaires en verre. Pour les repas à l'extérieur, choisissez une alternative plus légère : les boîtes alimentaires en inox. Rares en boutiques, elles sont surtout commercialisées sur Internet, comme sur le site sans-bpa.com.

LES USTENSILES ET ACCESSOIRES EN PLASTIQUE À CHAUFFER

Un plastique soumis à de hautes températures peut libérer facilement certains de ses composants (voir plus de détails page 38). Lorsque c'est possible, évitez donc les contacts directs entre un aliment chaud et un objet en plastique. Remplacez la vaisselle en plastique pour enfants par des assiettes et bols en inox, sains, légers et résistants aux chocs et les thermos, gobelets jetables de café, bouilloire électrique, passoire, spatule, louche, etc. par leurs équivalents faits de matériaux plus sains, comme l'inox, le verre ou encore le bois.

La fausse bonne idée

On peut être tenté de réutiliser de nombreuses fois une bouteille d'eau pour limiter ses déchets. Toutefois, la qualité du plastique s'altère rapidement. Il peut donc libérer plus facilement certains de ses composants. Pour protéger votre santé, ne réutilisez pas vos bouteilles en plastique et préférez si possible une gourde en inox.

5

PP

Et les biberons ?

Évitez au maximum les biberons en polyéthersulfone (PES), indiqué sous le code 7 sur le biberon. Privilégiez des biberons en verre et même en inox. Si vous ne pouvez vous passer de biberons en plastique, choisissez le PP (code 5), un plastique qui présenterait moins de dangers que le PES[6].

13 SOLUTIONS POUR PASSER DU JETABLE AU RÉUTILISABLE

Essuie-tout, film plastique, couverts jetables, serviettes en papier, sacs congélation... Les objets à usage unique étaient les deuxièmes sur la liste des déchets les plus nombreux dans ma poubelle de cuisine. Ils sont pratiques, paraissent bon marché et sont pleinement ancrés dans nos habitudes culinaires. Résultat, la moitié des plastiques utilisés pour la consommation dans le monde est à usage unique[7]. De quoi polluer massivement les sols lors de l'extraction du pétrole, rejeter des substances dangereuses lors de sa transformation puis envahir nos décharges ou incinérateurs après leur courte vie. Pourtant, les solutions plus durables ne manquent pas. Elles sont simplement peu connues, bien que simples et mêmes économiques. À la différence des objets jetables qu'on achète, utilise une fois puis qu'on jette et rachète, un objet réutilisable nécessite un seul achat - un investissement généralement rapidement rentabilisé - puis peut être utilisé et lavé sans fin. Sans jamais ni dépenser plus, ni générer de déchets. Quant à la quantité d'eau nécessaire à son lavage, elle est généralement très faible, voire nulle. En effet, quelques chiffons et sachets en tissu occupent une place minime dans un lave-linge. Ces quantités négligeables d'eau n'ont d'ailleurs rien à envier aux centaines de litres consommés pour la fabrication des objets à usage unique. Ce sont par exemple pas moins de 500 litres d'eau[8] qui sont nécessaires à la production d'un simple kilo de papier, employé notamment pour les essuie-tout et serviettes de table jetables. Sans parler des autres impacts environnementaux - aisément évitables - de la fabrication de nos ustensiles à usage unique (consommation d'énergie, extraction de pétrole, émissions de gaz à effet de serre ou encore production de déchets dangereux).

LE SAVIEZ-VOUS ?
10 tonnes de plastique sont produites dans le monde... chaque seconde[9] !

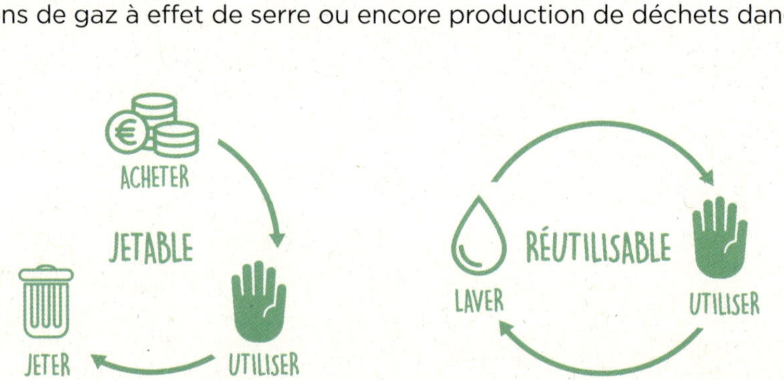

EN PRATIQUE...

Les solutions durables, lavables et économiques ne manquent pas dans la cuisine.

CUISINER ET CONSERVER PAR QUOI JE REMPLACE...

LE PAPIER CUISSON

Huilez ou saupoudrez simplement de farine votre plaque de cuisson ou votre moule. Il existe des feuilles de cuisson réutilisables en silicone. Néanmoins, comme détaillé page 40, des risques de libération de composants du silicone existeraient à hautes températures. Il s'agit donc d'une fausse bonne idée.

LE PAPIER ALUMINIUM

• Des sachets lavables à sandwichs me permettent de transporter sans encombre mes sandwichs et snacks. Il s'agit de sachets à scratch ou fermeture Éclair en tissu imperméable, idéaux pour les pique-niques, les voyages ou les repas sur le pouce. Il suffit de les rincer à l'eau entre chaque utilisation. Il en existe de tous les motifs et couleurs, de quoi satisfaire toute la famille ! On les trouve principalement sur Internet, notamment sur le site sans-bpa.com.

• Pensez également aux tissus cirés à la cire d'abeille pour envelopper vos mets. En vente principalement sur Internet, ces bee's wraps (du nom de la principale marque en proposant) sont à rincer à l'eau froide entre chaque utilisation. On peut aussi facilement le faire soi-même.

Comment faire soi-même son tissu ciré ?

Posez sur une feuille de papier cuisson un rectangle de tissu fin 100 % coton.
Saupoudrez-le uniformément de pépites de cire d'abeille (à acheter dans certaines boutiques biologiques ou de bricolage ou sur Internet) puis posez-y une autre feuille de papier cuisson.
Passez délicatement un fer à repasser chaud sur toute la surface, afin qu'elle soit entièrement couverte d'une fine couche de cire fondue. Retirez le papier cuisson et laissez sécher quelques secondes. Retrouvez le tutoriel plus détaillé sur mon blog Consommons Sainement www.consommonssainement.com

Le combo toxique

Évitez au maximum le contact entre un aliment acide et de l'aluminium, car l'acidité augmente les risques de migration de composants du matériau. Il est donc préférable de bannir les poissons au citron cuits en papillotes d'aluminium.

LE FILM PLASTIQUE

Pour conserver vos restes, un bol recouvert d'une coupelle est une solution aussi simple qu'efficace. Sinon, procurez-vous des « chapeaux » à bol ou à saladier en tissu lavable au contour élastique, s'adaptant à vos petits et grands plats. Vos restes se conserveront ainsi, sans sécher ni s'imprégner de l'odeur du réfrigérateur. Les amateurs de couture auront simplement besoin de deux cercles de tissus et d'un ruban élastique pour en fabriquer un en quelques minutes. Ces chapeaux peuvent également s'acheter sur Internet ou en épicerie vrac.

LE SAVIEZ-VOUS ?
La durée de vie moyenne d'un sac plastique est de 20 minutes[10]. Quelques sacs de course en tissu léger pliés dans son sac à main et un panier de courses éviteront très aisément ces déchets.

LES SACS CONGÉLATION

Congelez vos mets dans des sachets congélation lavables en silicone (en vente uniquement sur Internet), dans des boîtes alimentaires ou encore dans des bocaux.

DÉGUSTER
PAR QUOI JE REMPLACE...

LES COUVERTS À USAGE UNIQUE

Je préfère les couverts lavables lorsque j'organise des fêtes à la maison. Quelques minutes passées à les laver ou à les placer dans un lave-vaisselle permettront de ne pas terminer la soirée les poubelles pleines. Pour me passer de couverts jetables à l'extérieur lors de mes déjeuners sur le pouce, je glisse trois couverts légers (en inox ou bambou) dans mon sac. Ils savent toujours se révéler utiles.

LES SERVIETTES EN PAPIER

Avec un motif ou une couleur par personne, les serviettes en tissu ont de quoi plaire à toute la famille... et à votre empreinte environnementale !

NETTOYER PAR QUOI JE REMPLACE...

LES ESSUIE-TOUT

Mes essuie-tout destinés au nettoyage des plans de travail se sont vus remplacés par de simples chiffons. Ils se révèlent plus écologiques, plus économiques et tout aussi pratiques.

LES ÉPONGES

Pour aller plus loin et fabriquer une éponge presque inusable à partir de récup', suivez sur Internet un tutoriel de *tawashis*. Il s'agit d'éponges très résistantes réalisées à l'aide de collants troués, grâce à une méthode de tissage japonais follement simple, accessible aux enfants !

SE DÉSALTÉRER PAR QUOI JE REMPLACE...

LES FILTRES À CAFÉ

Saviez-vous qu'il existe des filtres à café lavables ? La marque française Alterosac en propose en lin certifié biologique et fabriqué en France. Après utilisation, rincez-le simplement à l'eau. Si vous n'avez pas de machine à café, une cafetière à piston ou un porte-filtre (préférez la céramique au plastique, pour éviter les migrations) à poser directement sur votre tasse se révéleront très efficaces.

LES CAPSULES DE CAFÉ

Il existe des capsules de café lavables, à remplir soi-même et à utiliser comme des capsules classiques. Préférez celles en inox à celles en plastique, pour éviter les risques de migration au contact de l'eau chaude (voir page 38).

LE SAVIEZ-VOUS ?
En France, 25 millions de bouteilles d'eau sont jetées... chaque jour[11] !

Pour encore plus de saveurs et encore moins d'emballages, achetez votre café en grains dans un rayon vrac, à moudre sur place. Votre café fraîchement moulu offrira bien plus de goût que celui en capsules jetables. Les capsules en inox représentent un investissement (comptez une vingtaine d'euros par capsule sur Internet, et deux capsules pour une personne), toutefois nettement rentabilisé, puisque le café en vrac est bien moins cher que les capsules jetables. Pour en savoir plus sur les impacts environnementaux du café, voir page 96.

LES SACHETS DE THÉ

Les miens ont peu à peu disparu de mon quotidien, au profit du thé en vrac, à faire infuser dans une boule, une cuillère à thé, ou, encore plus pratique, un panier à thé à poser dans sa tasse ou sa théière. Là aussi, cette solution s'avère très économique.

LES BOUTEILLES D'EAU

En voyage, en sortie ou au travail, ma gourde, remplie d'eau, de thé ou de café m'accompagne toujours fidèlement. J'opte exclusivement pour les gourdes en inox (les marques françaises Qwetch et GaspaJoe en proposent de très esthétiques pour tous les goûts), plus saines que celles en plastique ou en aluminium (plus d'explication page 41).

LES PAILLES EN PLASTIQUE

Les pailles en carton font leur apparition dans de plus en plus de rayons et de terrasses de café. Elles restent néanmoins jetables. Au moment de commander une boisson, je me pose la question : « Ai-je vraiment besoin de cet objet jetable dont je vais me servir seulement quelques minutes ? ». Si ma réponse est négative, je demande au serveur de ne pas mettre de paille dans ma boisson. Si l'usage d'une paille vous est nécessaire ou plaisant, il existe des pailles lavables, en inox, en silicone, en bambou ou même en verre coloré, en vente en épiceries vrac ou sur Internet. Elles ont généralement un réel succès auprès des enfants !

ÉQUIPER MA CUISINE DURABLEMENT

Quelques mois après mes premiers pas dans la réduction de mes déchets, j'ai compris que la majorité d'entre eux résidaient en réalité bien loin de la poubelle de mon domicile. À des centaines de kilomètres, voire sur un autre continent, je générais des dizaines de kilos de déchets en quelques minutes, par certains de mes achats. La production de nos objets du quotidien - une réelle boîte noire pour le consommateur - cache soigneusement sa consommation massive de ressources. En moyenne, la fabrication d'un kilo d'objets manufacturés génère 70 kilos de déchets[12] ! L'électronique et l'électroménager explosent de loin cette moyenne. La fabrication d'un robot multifonction de cuisine consomme 479 kg de ressources (minerais, pétrole, eau...), celle d'un grille-pain 561 kg, celle d'un lave-vaisselle 2 204 kg et, plus estomaquant encore, celle d'un micro-ondes 2 108 kg[13] !

Ces extraordinaires informations en poche, les dizaines d'ustensiles, de robots et de gadgets qui encombraient les placards de ma petite cuisine m'apparaissaient sous un autre jour. Coupe-avocat, roulette à pizza, taille-

Objets inutiles, qu'en faire ?

Donnez vos objets inutiles en état de marche (électroménager, vaisselle, linge de maison, décoration...) à des associations comme Emmaüs ou le Secours Populaire. Des sites comme donnons.org ou co-recyclage.com et l'application mobile GEEV sont des plateformes de dons d'objets entre particuliers. Par une annonce courte, donnez-y vos objets, même abîmés ou à réparer. L'appli GEEV vous offre même la possibilité de signaler aux autres utilisateurs des meubles ou objets en bon état abandonnés dans la rue.

légumes, épluche-fruits et autres gadgets culinaires me sont apparus tout à coup bien superflus face à un simple et bon couteau. Mon batteur électrique, ma bouilloire, mon cuit-vapeur ou encore ma passoire ont fait le bonheur d'Emmaüs et ainsi d'une famille dans laquelle ils seraient véritablement utiles. Ils ont été remplacés par des astuces simples et peu gourmandes en ressources, comme battre mes œufs grâce à un batteur manuel, chauffer mon eau dans une petite casserole, cuire mes légumes dans un panier vapeur en inox ou encore égoutter mes pâtes à l'aide d'un couvercle à trous. Mon robot multifonction, mon grille-pain, mon presse-agrumes électrique (un petit luxe bien utile pour les grands buveurs de jus d'orange maison comme moi !) et bien sûr mon réfrigérateur m'étaient indispensables et réellement utiles au quotidien. Ils ont donc gardé toute leur place dans ma cuisine. Mais qu'en serait-il lors de la prochaine panne ou d'un déménagement ? Quelles solutions s'offriraient à moi pour m'en procurer de nouveaux sans générer des centaines de kilos de déchets ?

EN PRATIQUE...

L'ÉLECTROMÉNAGER EN PARFAIT ÉTAT ET SOUS GARANTIE, MÊME D'OCCASION

L'occasion est une parfaite solution pour qui chercherait à éviter les impacts environnementaux du neuf, tout en jouissant des objets dont il a besoin au quotidien. Il s'agit d'utiliser des objets déjà fabriqués, n'ayant pas ou plus d'utilité chez leur ancien propriétaire et, bien souvent, en parfait état, voire encore neufs. Il est donc possible d'équiper toute sa cuisine sans nécessiter la gourmande fabrication de dizaines de produits impactants. Avantage supplémentaire, les prix y sont 2 à 3 fois moins élevés que s'ils sont neufs.

De nombreux sites et boutiques s'offrent à vous :

LE BON COIN

Le fameux site de vente entre particuliers sera une vraie mine d'or pour acheter vaisselle, ustensiles, électroménager ou encore accessoires et linge de cuisine autour de chez vous. Vous n'aurez généralement pas de mal à y trouver de l'électroménager encore sous garantie. Pour cela, assurez-vous que le vendeur vous remette sa facture.
www.leboncoin.com

BACK MARKET

Ce site de vente en ligne vous propose la solution rêvée pour votre électroménager : des produits reconditionnés, c'est-à-dire d'occasion, testés, réparés si besoin, livrés à domicile et sous garantie (de 6 mois minimum). Une option particulièrement adaptée au gros électroménager ou aux machines coûteuses, qu'il serait risqué d'acheter directement à un particulier.
www.backmarket.fr

CASH EXPRESS

Ces boutiques franchisées de dépôt-vente offrent de l'électroménager d'occasion, testé et sous garantie. Une consultation et réservation des produits est même possible sur leur site internet.
www.cashexpress.fr ou son concurrent : easycash.fr

LES RESSOURCERIES ET BOUTIQUES D'ASSOCIATIONS TYPE EMMAÜS

Ustensiles de cuisine, vaisselle, linge de maison, petit et gros électroménager et même meubles, ces boutiques sont de réelles cavernes d'Ali Baba de l'occasion, aux prix extraordinairement intéressants. Les produits proviennent de dons directs de particuliers et les recettes des ventes servent les actions sociales de l'association.

Pour quelle électricité opter ?

Il existe des fournisseurs d'électricité entièrement issue de sources renouvelables. Les démarches à suivre sont extrêmement simples et leurs prix, parfois moins élevés que l'électricité classique, varient.* Comparez-les sur changeonsdenergie.com

LES VIDE-GRENIERS

L'occasion parfaite pour flâner un samedi d'été dans les rangs d'un vide-grenier et trouver votre bonheur à prix très bas pour équiper durablement votre maison. Consultez les prochaines dates près de chez vous sur www.vide-greniers.org

LOUER OU PRÊTER, UNE SOLUTION POUR LES GRANDES OCCASIONS

Maison de vacances, paire de skis ou encore outils de bricolage, la location est devenue un réflexe. Bien moins pour l'électroménager. Pourtant, cette option s'avère à la fois écologique, économique et particulièrement adaptée à l'électroménager aux usages très occasionnels, comme les appareils à raclette, à fondue ou à pierrade. Fini les appareils encombrants passant 363 jours de l'année dans le garage. Louez-en un autour de chez vous pour quelques euros la journée, sur des sites internet comme AlloVoisins et Kiwiiz. L'option du message dans le hall de votre immeuble à destination de vos voisins se révélera également très efficace. De même, n'hésitez pas à mettre en location l'électroménager que vous possédez et dont vous ne vous servez que peu fréquemment.

* Tous les fournisseurs d'électricité verte ne se valent pas. Rendez-vous sur internet pour trouver le comparatif fait par Greenpeace, qui les a classés en quatre catégories : « Ils sont verts », « En bonne voie », « À la traîne » et « Vraiment mauvais ».

Troc, réparation, échanges de services... Trouvez encore plus d'alternatives au neuf et de bonnes adresses grâce au défi « Rien de neuf », de l'ONG Zero Waste France. Le site Internet du défi, gratuit et ouvert à tous, à découvrir sur www.riendeneuf.org, vous offrira de nombreuses idées, des chiffres et des témoignages. Vous pourrez également y suivre les impacts positifs de vos choix d'achat grâce à votre espace personnel et son calculateur de déchets évités !

L'astuce utile

Pour désodoriser votre réfrigérateur, placez-y en permanence deux coupelles de bicarbonate de soude, à changer tous les 3 mois.

LE SAVIEZ-VOUS ?

Les étiquettes énergie indiquent la consommation électrique de produits électroménagers. Elles sont toutefois trompeuses, car les produits classés de A à G sont interdits à la vente. Parmi les produits sur le marché, les classes A+ sont donc les plus gourmands en énergie.

En cas d'achat de produits neufs, privilégiez les produits ayant reçu des labels environnementaux réduisant les impacts de leur fabrication et de leur utilisation, comme l'écolabel européen ou la certification TCO.

LE FAIT MAISON SIMPLE ET RAPIDE : MES ASTUCES

Ils sont pratiques les repas préparés, les sauces prêtes à l'emploi, les petits déjeuners instantanés, les plats congelés, les desserts prêts à déguster. Malgré ma passion pour la cuisine depuis mon enfance, ils ont réussi à me séduire lorsque j'ai pris mon indépendance. Étudiante, pressée, vivant seule pour la première fois, ils me semblaient si avantageux. Un an plus tard, lorsque je me suis attachée à diminuer les emballages alimentaires que je jetais, j'en ai drastiquement réduit ma consommation, avec des astuces simples petit à petit intégrées dans mon quotidien culinaire. Je cuisinais davantage moi-même, avec des produits bruts, pour la plupart achetés en vrac. Au fil de mes lectures les mois suivants, j'ai réalisé que sans même le savoir, je protégeais également, là encore, ma propre santé.

À la différence des produits industriels de base (conserves de légumes, yaourts nature, etc.), les aliments ultra-transformés – comme les soupes instantanées, les plats préparés ou encore les desserts lactés – contiennent peu de matières premières brutes (telles que le lait, les fruits, les légumes, la viande ou le poisson, par exemple) et beaucoup d'ingrédients dits dénaturés (comme les fibres reconstituées, les protéines isolées, la maltodextrine...). Ils présentent des additifs en grand nombre, destinés principalement à rendre le produit facile d'utilisation (conservation, cuisson, texture...) mais aussi à en modifier le goût et l'apparence (exhausteurs de goûts, édulcorants, acidifiants, colorants...). Parmi les additifs autorisés sur le marché, de

Attention aux arguments « santé » de certains packagings

Les produits dits « light », « zéro sucre » ou « 0 % de gras » sont généralement parmi ceux présentant le plus d'additifs, dont par exemple les édulcorants, suspectés d'être cancérogènes[15]. Un argument santé douteux, donc.

nombreux se révèlent cancérogènes, allergisants, perturbateurs endocriniens ou inflammatoires. En grandes quantités, certains peuvent même provoquer des troubles neurologiques ou, chez l'enfant, des troubles du comportement et de l'attention. Tous ne sont pas néanmoins à mettre dans le même panier. L'acide ascorbique par exemple, utilisé comme conservateur, n'est rien de plus que de la vitamine C. Le problème le plus préoccupant des additifs ali-

« L'omniprésence des additifs dans nos aliments est telle qu'un enfant en avale en moyenne 50 différents par jour »

mentaires réside encore dans leurs « effets cocktail ». Les réactions chimiques de plusieurs additifs ingérés ensemble peuvent ainsi aggraver leurs effets sur la santé humaine. Aujourd'hui, très peu de données scientifiques permettent d'évaluer et identifier ces risques. Ces derniers n'entrent d'ailleurs pas en compte dans les études d'innocuité précédant l'autorisation d'un additif sur le marché européen. L'omniprésence des additifs dans notre alimentation habituelle est telle que, selon une étude de *60 millions de consommateurs*[14], un enfant avalerait pendant une journée type plus de 50 additifs différents ! Notons qu'ils sont bien moins nombreux dans les produits transformés issus de l'agriculture certifiée biologique, puisque seulement 50 y sont autorisés, contre 390 dans l'agriculture conventionnelle commercialisée en Europe.

Aux grandes causes les grandes solutions ? Pas nécessairement ! Il ne s'agissait pas pour moi de passer des heures chaque jour en cuisine ou de devenir un chef au quotidien. Cuisiner davantage moi-même avec des produits peu transformés s'est avéré simple, rapide et accessible, grâce à quelques astuces ingénieuses.

EN PRATIQUE...

CUISINER DE GRANDES QUANTITÉS ET CONGELER

Lorsque je prépare une soupe, un plat mijoté ou encore un chili, les grandes quantités sont de mise. Les portions supplémentaires, congelées ou réfrigérées, me servent de repas prêts à l'emploi à tout instant de la semaine.

PRÉPARER DES CONDIMENTS PRÊTS À L'EMPLOI

Afin de réduire le temps de préparation de chaque repas, mes condiments sont préparés à l'avance pour la semaine. Ainsi, pas besoin de sortir la planche à découper chaque soir. Quand le week-end vient, je coupe de grandes quantités d'oignons (conservées au réfrigérateur dans un bocal ou une boîte hermétique) et je prépare un bocal de vinaigrette (aussi simple qu'un mélange de moutarde, d'huile d'olive, de vinaigre balsamique et de quelques gouttes d'eau pour bien aider à homogénéiser le tout). En pleine saison, je lave et coupe de grandes quantités d'herbes aromatiques et les congèle en bocaux pour le reste de l'année.

PRÉPARER SES ALIMENTS PRÊTS À CUISINER

De même, pour faciliter la préparation de mes repas maison quotidiens, je prépare mes aliments à cuisiner pour la semaine. Le dimanche, je m'octroie une demi-heure pour laver plusieurs salades (stockées au frais dans une grande boîte hermétique garnie d'un torchon), préparer diverses crudités de saison prêtes à être croquées et laver et couper une partie des légumes de mes menus de la semaine. Lorsque la saison bat son plein et qu'ainsi les

Des aliments contre les petits maux du quotidien !

Miel, citron et infusion de thym sont par exemple très efficaces contre la toux et bien moins dangereux que certaines pastilles vendues en pharmacie. Ces dernières peuvent en effet contenir des anti-inflammatoires ou antiseptiques non justifiés et à proscrire, selon 60 millions de consommateurs[16]. Pour les petits maux du quotidien, mieux vaut donc d'abord piocher parmi les recettes de grands-mères.

prix sont bas, j'achète en grandes quantités des légumes (brocolis, choux-fleurs, carottes, champignons, etc.), les lave, les coupe et les congèle. Ils n'ont ainsi plus qu'à être cuits et assaisonnés au moment des repas.

ALLER TOUJOURS AU PLUS SIMPLE

Simplicité est également le maître-mot de la cuisine maison accessible à tous. Pour composer mes repas du quotidien, je me dirige toujours vers des recettes extrêmement simples et tout aussi délicieuses, nécessitant peu d'ingrédients et peu d'étapes. Il est souvent surprenant de s'apercevoir que des recettes simples peuvent remplacer les produits industriels qui paraissent très complexes à réaliser. Un soda peut par exemple être remplacé par un thé glacé maison réalisé en quelques minutes. Pour cela, il suffit d'ajouter, hors du feu, à une grande casserole d'eau bouillante, une ou deux boules de thé noir, une pêche coupée en morceaux et du sucre selon votre goût. Laisser refroidir puis réfrigérer.

LE SAVIEZ-VOUS ?
Une fois les aliments refroidis, un réfrigérateur plein consomme moins qu'un réfrigérateur vide ! De même pour les congélateurs.

De même, je n'épluche quasiment aucun des fruits ou légumes que je cuisine (pommes de terre, carottes, courges, pommes...) et je les lave simplement sous l'eau à l'aide d'une brosse, ce qui réduit amplement le temps de préparation. Attention tout de même, cette astuce ne peut être réalisée qu'avec des fruits et légumes certifiés biologiques.

TROUVER SON INSPIRATION

Parfois, cuisiner maison n'est pas un problème de temps mais d'inspiration. Pour découvrir des recettes et vous donner des idées de plats du quotidien, YouTube regorge de Youtubeurs partageant leurs menus et recettes. De même, les livres de recettes ou sites Internet culinaires sont de vraies mines d'or.

FAIRE UN CARNET DE RECETTES FAMILIALES

Il est si facile d'oublier les recettes des plats simples et que l'on aime. Pour pallier cela, j'ai récemment dédié un carnet aux plats que nous savons faire et que nous aimons. Lasagnes aux épinards, gratin de pommes de terre, boulettes de haricots rouges, velouté de petits pois... De quoi nous aider à élaborer le menu des dîners de la semaine. Inspirez-vous de mes idées de recettes pages 159 à 210.

PRÉVOIR LE MENU DE LA SEMAINE

Mon compagnon et moi avons été surpris des bénéfices engendrés par la simple élaboration d'un menu pour la semaine. Planifier, même approximativement, les repas des jours suivants nous permet de mieux préparer les courses, acheter les bonnes quantités, choisir des plats que nous aimons, ne pas manquer d'inspiration au moment de cuisiner et enfin être moins tentés par des plats préparés de dernière minute.

FAIRE DE LA CUISINE UNE ACTIVITÉ À PART ENTIÈRE

Préparer soi-même ses biscuits pour la semaine peut paraître fastidieux. Mais si vous avez des enfants, profitez de ce moment pour faire de la cuisine une activité à part entière avec eux et ainsi allier l'utile à l'agréable !

Des cosmétiques dans nos placards de cuisine !

Saviez-vous qu'il est possible de fabriquer en quelques secondes des cosmétiques sains et presque zéro déchet avec des ingrédients provenant de ses placards de cuisine ? Fabriquez votre déodorant en mélangeant 3 cuillères d'huile de coco biologique et 2 de bicarbonate de soude et appliquez ce baume naturellement antibactérien et désodorisant en petites quantités sous les aisselles. Utilisez des huiles végétales de sésame, noisette ou avocat pour nourrir votre peau ou vos cheveux. Faites-vous un masque visage anti-boutons avec du jus de citron et du miel. Retrouvez de nombreuses autres recettes faciles sur mon blog *Consommons Sainement* !

EN MAISON OU EN APPARTEMENT : TOUT SAVOIR SUR LE COMPOST

Courant en milieu périurbain et encore davantage en milieu rural, le compost a fait partie de mon enfance. Épluchures, coquilles d'œufs et feuilles fanées finissaient dans un bac au fond du jardin, nous donnant quelques mois plus tard un riche fertilisant pour nos plantes et nos fleurs. Un basique du jardinier, qui se révèle également précieux pour faire maigrir sa poubelle.
Les déchets compostables représentent en moyenne pas moins d'un tiers de nos ordures ménagères[17]. Composés à 80 % d'eau, ils sont bien énergivores à brûler en incinérateur. En décharges, ils se révèlent très généreux en méthane, un gaz à l'effet de serre 25 fois plus puissant que celui du CO_2, lors de leur fermentation. Le jour où j'ai pris mon indépendance pour débuter mes études, mes épluchures et restes ont commencé à s'entasser dans ma poubelle d'ordures. Il me paraissait à l'époque impossible de composter dans mon petit studio sans jardin. Jusqu'à ce que j'apprenne l'existence des ingénieux composteurs d'appartement.

LE COMPOSTAGE SOUS TOUTES SES COUTURES

Le compostage est un processus naturel de décomposition et de transformation de déchets organiques en un fertilisant très riche pour les plantes. Il existe trois types de compostage.

LE COMPOSTAGE EN BAC

Les déchets y sont installés dans un bac en bois ou en plastique en pleine terre dans un jardin. On peut y déposer l'ensemble des fruits et légumes (crus ou cuits), les coquilles d'œufs, le marc de café, les sachets de thé, le pain, les papiers et cartons non imprimés et les déchets de jardinage. Les produits d'origine animale (viande, poisson, laitages…) sont néanmoins à bannir.

LE LOMBRICOMPOSTAGE

Peu volumineux et sans odeurs*, ce composteur d'appartement trouve souvent sa place sous l'évier d'une cuisine. Il est composé de 3 à 4 bacs en plastique empilés, mesurant en tout environ 50 cm de hauteur, où se trouvent des vers de terre appelés lombrics. Bien au chaud et dans la pénombre, les vers n'en sortent pas et effectuent avec brio leur travail de digestion des déchets. La liste des aliments pouvant y être ajoutés est légèrement plus restreinte que celle d'un compost de jardin, puisque l'ail et l'oignon, naturellement vermifuges, sont par exemple à proscrire.

LE COMPOSTAGE INDUSTRIEL

Changement d'échelle avec le compostage industriel, par lequel des tonnes de déchets compostables (y compris les produits d'origine animale) se compostent en seulement quelques semaines, grâce à d'immenses machines de broyage et d'aération. Cette technique est utilisée par exemple pour la valorisation des déchets organiques collectés par quelques communes volontaires, où chaque habitant se voit doté d'un bac entièrement dédié à ces déchets.
À Lorient, à Roubaix, dans certains arrondissements de Paris ou encore à San Francisco, les habitants trient leurs déchets compostables directement dans un bac vidé chaque semaine par la ville. À San Francisco, trier correctement ses déchets est d'ailleurs même une obligation légale !

* Un compost bien équilibré en humidité, en oxygène et en bactéries ne sent pas mauvais. Dans le cas contraire, c'est le signe que des bactéries anaérobiques – celles caractéristiques de la fermentation – se sont développées en raison d'un manque d'air dans un compost trop tassé. Plus d'informations dans les pages suivantes.

EN PRATIQUE...

RÉUSSIR SON COMPOST DE JARDIN

Réussir son compost demande un peu d'attention et d'informations au lancement. Une fois les quelques règles comprises, le compostage est une habitude qui n'est ni chronophage ni complexe.
Assurez-vous de toujours y ajouter à la fois 50 % de matières humides - dites azotées qui correspondent aux déchets alimentaires principalement - et 50 % de matières sèches - dites carbonées qui correspondent aux feuilles mortes, branchages, papiers et cartons non imprimés. Placez votre composteur dans un endroit ombragé. L'oxygène étant primordial à la bonne décomposition des déchets, aérez régulièrement votre compost en le brassant légèrement et délicatement à l'aide d'une fourche par exemple.
Vérifiez à l'œil le taux d'humidité du compost, car l'eau y est indispensable pour les micro-organismes s'y trouvant. S'il est sec, ouvrez-le en temps de pluie ou ajoutez-y davantage de déchets humides.

RÉUSSIR SON COMPOST D'APPARTEMENT (LOMBRICOMPOSTEUR)

Placez-le à l'intérieur, dans un endroit calme dont les variations de températures sont rares (entre 15 et 25 °C toute l'année), sous l'évier de votre cuisine par exemple.
Démarrez votre lombricomposteur avec environ 500 grammes de vers. Vous pouvez vous en procurer gratuitement sur plus2vers.com, un site sur lequel des propriétaires de lombricomposteurs donnent leurs vers.
Installez-les au début sur une litière composée de 3 à 5 couches de papier journal puis d'une couche de terreau de quelques centimètres.
Coupez en petits morceaux les gros déchets alimentaires que vous y ajoutez, tels qu'une peau de melon ou un pied de brocoli.

« Compostable » et « biodégradable », quelle différence ?

Un produit dit biodégradable est un produit pouvant se dégrader dans l'environnement en une période courte et se transformer chimiquement en dioxyde de carbone notamment. Un produit dit compostable se transforme, grâce à des méthodes de compostage domestique ou industriel, en un humus fertilisant les sols. Un objet compostable est biodégradable. L'inverse en revanche n'est pas toujours vrai.

OÙ SE PROCURER UN COMPOSTEUR ?

On en trouve dans les commerces de jardinage. Néanmoins, de très nombreuses communes, agglomérations, métropoles ou communautés de communes en France proposent des composteurs gratuits ou à prix très réduits. Vous pouvez aussi le fabriquer vous-même, avec de la récup. Des tutoriels faciles et gratuits ont fleuri sur Internet. Trouvez-en un sur mon blog Consommons Sainement.

Si aucun de ces types de compost ne vous convient, il existe des composteurs partagés, en bas d'immeubles ou au sein de parcs publics. Ils restent toutefois rares et très prisés, donnant souvent lieu à de longues listes d'attente pour pouvoir en jouir.

Des structures innovantes, comme l'association RECUP (Recyclage et Compostage Urbains Participatifs) à Bordeaux, louent des composteurs d'appartement aux particuliers et les vident à domicile lorsqu'ils sont pleins. L'association poursuit ensuite le processus de décomposition des déchets dans ses locaux. Le compost final est ensuite donné à des agriculteurs locaux !

récup.
RECYCLAGE ET COMPOSTAGE URBAIN PARTICIPATIF

Les plastiques compostables et/ou biosourcés : fausse bonne idée ?

Les emballages ou objets jetables dits compostables, biodégradables ou biosourcés (c'est-à-dire composés en partie de matières organiques, l'autre partie restant toutefois pétrochimique) sont loin d'être aussi écologiques qu'on le pense. Souvent composés d'amidon de maïs ou de pomme de terre, ils nécessitent l'utilisation massive d'eau et de pesticides et accaparent des ressources vivrières. Par ailleurs, les objets dits compostables le sont souvent uniquement en compostage industriel (bien plus puissant qu'un compostage domestique), encore peu disponible aujourd'hui aux Français. Enfin, ces plastiques n'excluent pas toujours l'utilisation des additifs potentiellement toxiques utilisés dans les plastiques classiques. Ils ne sont donc pas nécessairement plus sains.

© Lucie Ouvrard

Vrai/Faux avec Lucie Ouvrard professionnelle du compostage, au sein de l'association bordelaise Les Détritivores (spécialisée dans le compostage des déchets organiques des restaurants et cantines)

1 Un compost attire les rongeurs

VRAI et FAUX Un composteur mal équilibré en apports azote/carbone ou qui contient des matières déconseillées peut en effet attirer les rongeurs. En revanche, un compost réalisé dans les règles de l'art ne sera pas visité !

2 Un compost produit de mauvaises odeurs

VRAI et FAUX Comme la réponse précédente, un compost bien équilibré et réussi aura une odeur d'humus.

3 Le principe du compost se produit de lui-même dans la nature

VRAI Les feuilles mortes, branches cassées, fruits pourris qui tombent au sol dans la nature, sont transformés par des processus naturels. Ils sont peu à peu réintégrés dans le sol pour le nourrir et être absorbés par les racines et végétaux.

3 Il faut être un expert pour réussir son compost

FAUX Néanmoins, le compostage nécessite quelques petites connaissances, voire un accompagnement. Mais avec quelques notions simples et un peu d'intérêt pour le monde du vivant, vous comprendrez vite les règles essentielles du compostage. Je vous conseille notamment le livre *Je réussis mon compost et lombricompost*, de Ludovic Martin, Pascal Martin et Éric Prédine (Ed. Terre Vivante). C'est un manuel très clair, très bien écrit et parfaitement illustré, idéal pour tous les apprentis composteurs.

Retrouvez l'interview complète sur mon blog Consommons Sainement, article « Tout savoir pour composter vos déchets alimentaires : interview d'une maître composteure », www.consommonssainement.com

LES BONNES PRATIQUES À ADOPTER POUR RÉDUIRE SES DÉCHETS EN CUISINE

Niveau 1 : LES ACTIONS PRIORITAIRES ET ACCESSIBLES À TOUS

- [ ] J'imprime et affiche chez moi les consignes de tri de ma commune.
- [ ] Je préfère les objets réutilisables (comme une gourde en inox) aux emballages jetables, même recyclables.
- [ ] J'achète mes aliments secs (haricots secs, riz, semoule, sucre...) en vrac lorsque cela m'est possible.
- [ ] Je fréquente davantage le marché et les petits commerçants, notamment pour la viande, le poisson, les laitages, etc.
- [ ] J'évite les fruits et légumes prépesés ou prédécoupés et les préfère sans emballages.
- [ ] Pour ma santé, je limite les aliments gras ou acides (huile, beurre, soda, tomate, etc.) en contact direct avec un plastique (bouteilles et barquettes en plastique, mais aussi canettes, boîtes de conserve, briques, etc.) et préfère des emballages plus sains comme le verre.
- [ ] Pour éviter leurs substances toxiques, je remplace petit à petit mes poêles et casseroles antiadhésives par de l'inox et mes moules à gâteaux en silicone par des plats en pyrex ou céramique.
- [ ] Pour protéger ma santé, je ne mets jamais en contact un aliment chaud avec un objet ou contenant en plastique.
- [ ] Avant d'acheter de la vaisselle ou de l'électroménager, j'essaie de les trouver en occasion ou en reconditionné.

Niveau 2 : LES ACTIONS POUR ALLER PLUS LOIN

- [ ] J'achète non seulement mes fruits et légumes, mais aussi l'ensemble de mes aliments en vrac grâce à mes sachets en tissu lavables.
- [ ] J'apporte mes contenants vides et propres chez mes commerçants.
- [ ] Je remplace progressivement mes boîtes alimentaires en plastique par des boîtes plus inertes, en verre ou en inox.
- [ ] J'adopte des objets réutilisables qui me plaisent et me font envie, parmi ceux évoqués pages 42 à 46.
- [ ] Je donne ou vends les ustensiles et l'électroménager dont je n'ai pas besoin et les loue auprès de particuliers lors de mes éventuels usages occasionnels.
- [ ] Je cuisine davantage moi-même mes plats quotidiens avec les astuces simples des pages 54 à 56.

Chapitre 2

CHOISIR LES ALIMENTS LES MOINS IMPACTANTS

Un an et demi après mes premiers pas vers la réduction de mes déchets, je me suis surprise à questionner la cohérence globale de ma démarche environnementale. J'accomplissais certes déjà largement ma part au quotidien et j'en étais très fière. Mais était-il cohérent d'un point de vue environnemental de réduire autant mes déchets tout en continuant à acheter des avocats provenant de l'autre bout du globe et de la viande en grandes quantités, certes non emballés ? Était-il optimal de se focaliser sur mes déchets tout en achetant des aliments dont la production se révélait largement plus coûteuse pour l'environnement ? C'est par la thématique de la viande et de son lourd bilan environnemental que ce déclic m'est apparu. Consommation d'eau, de ressources vivrières, émissions de gaz à effet de serre... je découvrais estomaquée les impacts massifs et insoupçonnés d'un aliment si banal dans mes menus depuis ma plus tendre enfance. Je comprenais qu'il m'était impossible de me prétendre écologique tout en continuant à manger massivement des aliments à l'impact si lourd sur l'environnement que sont les produits carnés. Encore une fois, je m'apercevais que, sans en avoir conscience, mes actes de consommation trahissaient des valeurs qui m'étaient pourtant chères. En achetant quotidiennement ces produits, je générais indirectement des impacts plus significatifs encore que ceux des emballages que j'évitais avec brio. J'encourageais et provoquais également l'extrême mal-être d'animaux d'élevages industriels, bien contraire à mon amour de toujours pour le règne animal. Pour que mes actes s'accordent (enfin) à mes valeurs, j'ai alors décidé de participer, à mon échelle et à mon rythme, au changement des pratiques de l'agriculture d'aujourd'hui. Après tout, Coluche disait si bien...

« Quand on pense qu'il suffirait que les gens n'achètent pas pour que ça ne se vende plus »

Coluche (1978)

Viandes grandes consommatrices de ressources, produits importés de l'autre bout du globe, espèces menacées de poissons, palme nécessitant une déforestation massive... j'ai décidé de diminuer progressivement mes achats d'aliments dont la production est hautement coûteuse à l'environnement. En modifiant progressivement mes menus, j'ai incroyablement réduit mes impacts négatifs sur l'environnement. En refusant les produits issus de pratiques contraires à mes valeurs, je participais à mon échelle à inciter les grands acteurs de l'agriculture, de l'agroalimentaire et de la grande et petite distribution à proposer une offre plus respectueuse. J'ajoutais ainsi ma goutte d'eau à la mer de consommateurs refusant ces mêmes produits et leurs pratiques. J'allais moi aussi me saisir pleinement de l'extraordinaire pouvoir que nous avons au bout des doigts... et de notre carte bleue.

Alors que je m'attendais à un parcours de frustrations, de sacrifices et de changement brutal, mon expérience s'est révélée pleines de découvertes... et de nouvelles saveurs ! Je remplaçais petit à petit la viande par de délicieux falafels, galettes de haricots rouges ou plats indiens de lentilles. Je me passais de poisson, dont je n'avais jamais été fanatique. Je m'apercevais que l'éventail de produits locaux qui s'offraient à moi était bien plus large et varié que ce que j'avais pu imaginer. Je découvrais les saveurs décuplées d'une tomate de saison cultivée sous le soleil et dans la terre sans serre artificiellement chauffée. Progressivement et sans me forcer, j'achetais de moins en moins certains aliments, que je remplaçais par de nouvelles recettes. Il ne s'agissait pas de tout faire d'un coup ou d'arrêter de consommer l'ensemble de ces aliments. En trouvant l'équilibre qui me correspondait et ne me procurait aucune frustration, je m'apercevais de la facilité de ces actions. Je trouvais des alternatives plus durables et découvrais de nouvelles saveurs, de nouveaux plats, de nouveaux aliments, de nouvelles façons de cuisiner des produits que je connaissais. Petit à petit, sans brusquer mon quotidien, sans frustrations, sans sacrifices, je contribuais à changer le monde.

VIANDE : MOINS MAIS MIEUX

POURQUOI LE BILAN ENVIRONNEMENTAL DE LA VIANDE EST-IL SI LOURD ?

Et si l'agriculture devait une grande partie de ses impacts environnementaux à la viande ? Et si en réduire simplement notre consommation rendait nos menus quotidiens bien plus durables ? La production d'aliments carnés est une des plus grandes contributrices du dérèglement climatique. Selon la FAO, l'élevage est responsable de 14,5 % des émissions de gaz à effet de serre dans le monde, soit plus que l'ensemble des transports réunis (avion, voiture, train, etc.). Les ruminants (vaches, chèvres et moutons) rejettent en effet des quantités massives de méthane lors de leur digestion. Quinze à 20 % des émissions mondiales de méthane sont ainsi liées à l'élevage des animaux. La digestion des animaux d'élevages intensifs est également la source d'importantes pollutions des eaux et des sols par les nitrates et le phosphore provenant de leur fumier. Ainsi en Bretagne, c'est l'épandage massif du fumier des nombreux élevages intensifs de cochons de la région qui est à l'origine de l'invasion des *Ulva armoricana*, dites « algues vertes », qui mettent à mal les écosystèmes littoraux et les activités humaines locales depuis les années 1960.

La production d'aliments carnés est surtout une grande consommatrice de ressources. Des quantités considérables de céréales (soja, maïs, blé...) sont nécessaires à l'alimentation des animaux. Leur culture requiert l'utilisation massive d'eau, d'intrants et de pesticides de synthèse (souvent source de pollutions significatives de longue durée des sols) et de surfaces agricoles. À tel point qu'aujourd'hui, 70 % de la surface agricole mondiale est dédiée à l'élevage animal[1]. Au Brésil par exemple, d'immenses parcelles de forêt tropicale sont déforestées chaque année pour la culture intensive de soja destiné aux élevages bovins brésiliens mais également américains et européens. Une vache nécessitant 40 kg[2] de nourriture sèche chaque jour, les quantités de céréales à produire pour la nourrir pendant les deux années

LE SAVIEZ-VOUS ?
Un repas composé d'un steak-frites, d'une salade de tomates et d'une panna cotta émet l'équivalent de 5,19 kg de CO_2, contre seulement 1,71 kg de CO_2 pour un repas de lasagnes sans viande, d'une salade verte avec sauce et d'une tarte tatin[4].

précédant son abattage sont astronomiques. À tel point que dans le monde, 80 % de l'ensemble des protéines végétales produites (dont principalement les céréales et les légumineuses) sont destinées à l'alimentation des animaux d'élevage et non à l'alimentation humaine. Or 44,4 kg[3] de protéines végétales sont nécessaires pour produire seulement 8,9 kg de protéines animales en moyenne (pour la viande bovine). Ce sont donc presque 80 % des protéines qui sont « perdues » lors de leur transformation de protéines végétales en protéines animales.

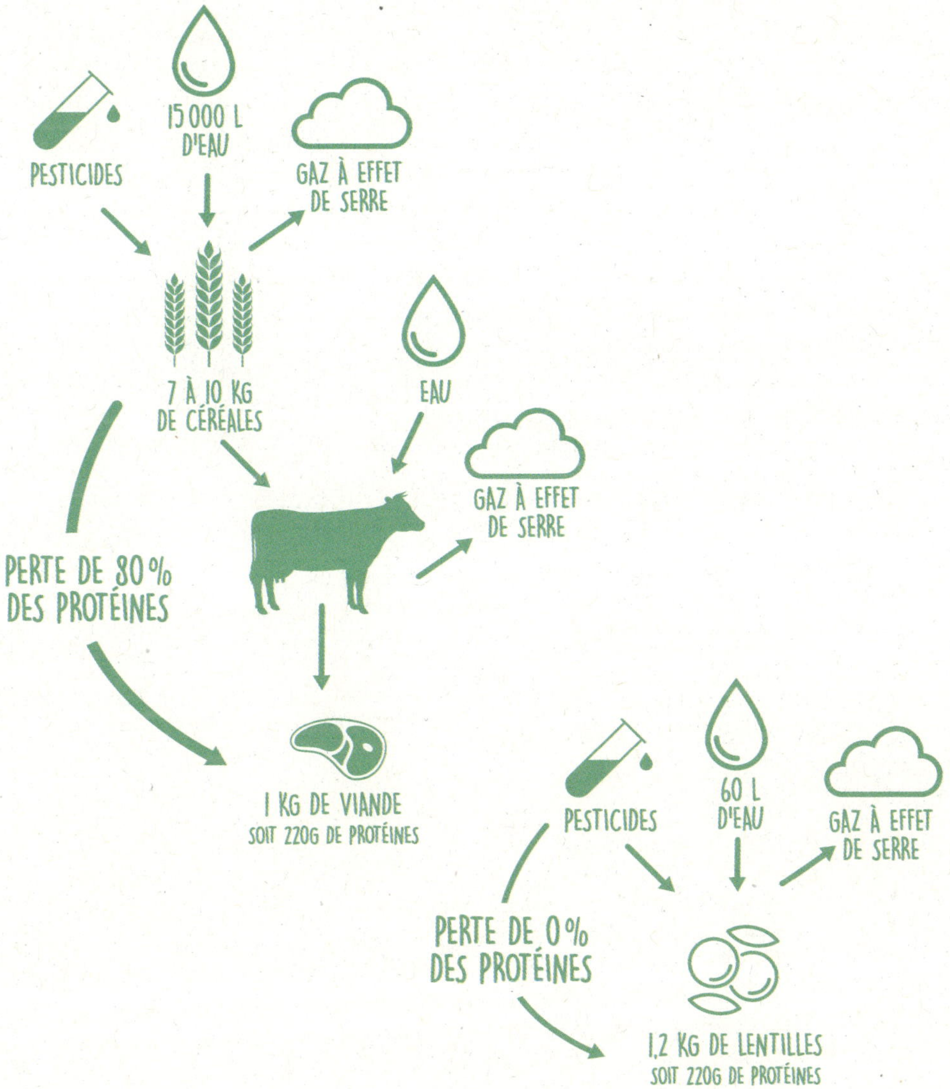

EN PRATIQUE...

QUELLES SONT LES VIANDES À PRIVILÉGIER ?

Toutes les viandes n'ont pas le même bilan environnemental. La production de 200 g de poulet émet dix fois moins de gaz à effet de serre que la même quantité de bœuf, et 200 g d'agneau six fois[5] plus que la même quantité de viande de cochon. De même, les quantités de nourriture nécessaires à chaque espèce animale varient. La production d'un seul kilogramme de viande de bœuf nécessite ainsi 7 kg de céréales, contre seulement 2 kg pour celle de viande de poulet. Tous types d'impacts environnementaux confondus (émissions de gaz à effet de serre, consommation d'eau et de ressources, pollution des eaux, etc.), les viandes au bilan le plus lourd sont les viandes rouges (bœuf, agneau, cheval...). Pour réduire drastiquement les impacts de votre alimentation, tournez-vous donc de préférence et lorsque cela est possible vers la viande de cochon ou, mieux encore, de volailles.

Des labels environnementaux représentent également une solution facile pour pouvoir alléger encore davantage l'empreinte environnementale de ces viandes. Le label de l'agriculture biologique garantit par exemple que l'usage des antibiotiques sur les animaux est réduit et que ces derniers sont nourris au moins en partie avec des aliments issus de l'agriculture biologique (sans pesticide ni engrais de synthèse notamment)[6]. Le label exige également des mesures permettant de réduire le mal-être des animaux lors de leur élevage et de leur abattage, comme certains actes de mutilation. D'autres labels environnementaux imposent davantage de critères encore, sur le plan environnemental mais également sur celui des conditions de vie des animaux. C'est le cas de Nature & Progrès, Demeter et Bio Cohérence. Les viandes comportant ces labels restent néanmoins plus rares sur le marché aujourd'hui et peuvent être achetées seulement auprès de quelques magasins biologiques ou producteurs. Pour connaître d'autres labels fiables pour vos produits alimentaires, rendez-vous page 109 !

Le défi du Lundi Vert

Ce défi, lancé en 2019 par des scientifiques, acteurs et personnalités, vous propose d'adopter des menus sans viande chaque lundi pendant un an. L'inscription à ce challenge, gratuite et ouverte à tous, vous permet de recevoir des informations utiles et d'excellentes idées de recettes chaque lundi par mail. À retrouver sur lundi-vert.fr

Les prix des protéines d'origine végétale évoquées dans les pages suivantes sont bien moins élevés que ceux des produits carnés. La réduction de ces derniers permet donc des économies financières significatives, compensant largement les tarifs élevés des viandes labellisées !

COMMENT AJOUTER DAVANTAGE DE PLATS SANS VIANDE À SES MENUS ?

Pas de pression ! Pour contrer ce lourd bilan environnemental, il ne s'agit pas nécessairement de supprimer entièrement la viande de vos menus, si vous n'en avez pas l'envie. Vous pouvez simplement en réduire votre consommation : fixez-vous un objectif réaliste et qui vous correspond. Les régimes dits flexitariens présentent par exemple un repas contenant de la viande une à deux fois par semaine, pas plus. Un bon équilibre sans sacrifices pour les amoureux de certains plats carnés.

Manger peu – voire pas – de viande ne revient pas à se nourrir exclusivement de fruits et légumes, ni à remplacer la viande par de « fausses viandes », produits souvent ultratransformés imitant le goût, l'apparence et la texture de la viande. Il s'agit simplement de la remplacer par des aliments végétaux équivalents sur le plan nutritionnel, c'est-à-dire notamment riches en fer et en protéines.

Les protéines, indispensables à un régime alimentaire équilibré, ne se trouvent pas uniquement dans les produits carnés. On en trouve en grandes quantités dans les légumineuses (lentilles, pois chiches, haricots rouges, noirs, blancs…), les noix, l'épeautre, les amandes ou encore les arachides. On pense aussi souvent que le fer ne se trouve que dans les viandes rouges. Or, il se trouve que les légumineuses et les fruits à coques en sont d'excellentes sources. D'ailleurs, selon l'Association diététique britannique et l'Académie américaine de nutrition et diététique[8], une alimentation sans produits d'origine animale (viande, poisson et même laitages et œufs) peut apporter l'ensemble des nutriments nécessaires au corps humain si elle est bien équilibrée. Et ce, à tout âge de la vie (adultes, mais aussi enfants, bébés, femmes enceintes) !

Pyramide d'une alimentation équilibrée sans produits d'origine animale

Oubliez les clichés sur les steaks de soja et le tofu sans goût ! Les plats sans viande peuvent se révéler à la fois équilibrés et absolument délicieux. Certains font d'ailleurs peut-être déjà partie de votre alimentation habituelle, sans même que vous ne vous en aperceviez (falafels, pizza margherita, tarte aux poireaux, etc.). Il est également possible de transformer des plats classiques, tels que lasagnes, pâtes à la bolognaise, chili, hamburgers, pizzas, gratins, en versions végétales.

LE SAVIEZ-VOUS ?
Les protéines représentent 20 à 25 % du poids des légumineuses[7] !

Ces quelques idées appétissantes en attestent :
- tartines de pain grillé à l'ail accompagnées de houmous à l'huile d'olive et de guacamole à la coriandre ;
- burger de champignons-haricots rouges aux oignons caramélisés, caviar de tomates séchées, et sa sauce à la moutarde (servi avec des frites) ;
- wrap de falafels (boulettes de pois chiche, de coriandre et de cumin), crudités et sauce à la ciboulette ;
- nouilles chinoises sautées, sauce aigre-douce, champignons grillés et cacahuètes croquantes ;
- curry coco mijoté aux petits légumes et pommes de terre, accompagné de riz au persil ;
- velouté de lentilles au paprika et sa crème de noisettes, accompagné de croûtons à l'ail ;
- et bien d'autres délicieux plats, à découvrir pages 159 à 210 !

Trouvez de nombreuses idées culinaires et recettes sans viande dans des ouvrages tels que *Vegan débutant* de Marie Laforêt, *Mais ma famille ne mangera jamais végan ! 125 recettes qu'ils vont tous adorer* de Kristy Turner, *Joyeusement veggie* de Camille Dides et *Manger moins (et mieux) de viande* de Gilles Daveau. Des dizaines de blogs, applis et chaînes YouTube peuvent également inspirer vos menus, comme les chaînes YouTube Lloyd Lang et Bosh.TV, le blog Patate & Cornichon (à retrouver sur patateetcornichon.com) et l'appli Vegg'up.

Les Nations Unies prônent les légumineuses dans nos assiettes !

Les légumineuses présentent de nombreux avantages environnementaux. Leur culture fixe l'azote et permet ainsi de fertiliser naturellement les sols. Leur production est par ailleurs très économe en eau par rapport notamment aux protéines animales. Les légumineuses sont aussi un allié incontournable d'un point de vue nutritionnel. Elles regorgent de protéines, de minéraux et de vitamine B et présentent une teneur en graisses et en cholestérol faible, voire nulle[9].

L'INTERVIEW D'EXPERT

© Hervé Berbille

Hervé Berbille est ingénieur agroalimentaire et consultant en nutrition

1 La réduction de la consommation de viande présente-t-elle un risque pour la santé ?

Spontanément, j'aurais tendance à vous répondre que c'est d'abord la consommation de viande qui présente un risque, scientifiquement démontré, pour la santé ! Et pas seulement celle de viande rouge, comme vient de l'indiquer une récente étude, qui loge viandes rouge et blanche à la même enseigne. Rappelons également qu'en 2005, l'OMS *via* le Centre international de recherche sur le cancer (CIRC) avait classé la viande rouge comme « cancérigène probable », s'appuyant sur une vaste synthèse de la littérature disponible*. Inversement, les bénéfices d'une alimentation végétalisée sont réaffirmés avec la régularité d'un métronome par la littérature scientifique[10].

Si l'on s'en tient donc à la littérature scientifique – et l'on devrait toujours s'en tenir à la littérature scientifique ! – celle-ci conduit invariablement à opter pour les protéines végétales[11]. Contester cette réalité évidente, comme cela se pratique en France en particulier, où la filière élevage reste un acteur économique majeur, relève d'un combat d'arrière-garde, néanmoins couronné de succès, la consommation de viande continuant de s'accroître à travers le monde, et ce n'est pas le timide repli observé en Occident qui est susceptible de changer la donne. Face au statut social associé à la viande, à l'inertie des habitudes, les enseignements de la science ne pèsent hélas pas bien lourd. Dans le même ordre d'idée, la plupart des fumeurs sont parfaitement conscients des risques liés au tabagisme, mais, pour autant, renoncent-ils à fumer ? Autant dire que dans un pays comme la France où les pouvoirs publics n'ont de cesse d'encourager la consommation d'aliments d'origine animale, que cela soit à travers les injonctions officielles (« 3 produits laitiers par jour ») ou des campagnes publicitaires en faveur de la viande et des produits laitiers, les protéines végétales ne sont pas près de trouver la place qui leur revient dans nos assiettes...

* Ce que les scientifiques appellent des « méta-analyses », c'est-à-dire des études considérées comme particulièrement robustes en raison de leur forte significativité statistique.

2 Le poisson est-il indispensable à un régime alimentaire sain et équilibré ?

Le poisson est intéressant en ce sens qu'il constitue une source de protéines de « bonne qualité » (avec néanmoins un bémol de taille, que l'on va voir plus bas), un apport intéressant en iode, un oligoélément souvent consommé en quantité insuffisante et dont l'importance demeure sous-estimée**, et enfin, pour les poissons gras, une bonne source d'oméga-3.

Toutefois, le poisson, qui passe pour l'aliment vertueux par excellence auprès les diététiciens, n'est pas exempt d'inconvénients. D'un point de vue environnemental tout d'abord, puisque les ressources halieutiques mondiales sont au bord de l'effondrement, et la pisciculture qui est l'alternative à la pêche, aggrave le problème qu'elle est supposée résoudre en pesant elle-même fortement sur la ressource halieutique puisque les poissons d'élevage sont en partie nourris avec des poissons sauvages***...

D'un point de vue sanitaire, compte tenu du niveau de pollution des océans, on peut se demander si le poisson peut encore être considéré comme un aliment sain, à tel point que même les autorités sanitaires françaises (Anses), pourtant peu suspectes d'accointances végétariennes, déconseillent la consommation de certains poissons chez la femme enceinte. Au passage, l'une des rares recommandations de l'Anses à laquelle je souscris par ailleurs... Plus un poisson est « gras », plus il contient, certes, d'oméga-3, mais plus il accumule en proportion les « polluants organiques persistants », tel le redoutable méthylmercure par exemple. Le rapport bénéfice/risque est donc très incertain, voire douteux sur le long terme, car notre organisme comme celui des poissons gras, est « bio-accumulateur » (accumule des polluants).

Notons enfin que les poissons sont des aliments particulièrement acidifiants, notamment ceux parmi les plus consommés en France, à savoir la sardine et la truite. Face à ces incertitudes, mieux vaut donc opter pour les alternatives végétales au poisson, bien plus respectueuses de l'environnement, mais également, et ce n'est pas à négliger, plus accessibles économiquement. Pour les protéines, les incontournables légumineuses font une fois de plus merveille, et pour les apports en iode, les algues marines****.

** Un apport insuffisant en iode étant notamment associé à un risque accru de cancer du sein et à des effets sur la thyroïde notamment.

*** Pour tout savoir sur les impacts environnementaux du poisson, rendez-vous page 76 !

**** À ce sujet, mentionnons un nouveau produit, particulièrement intéressant : les algues en paillettes séchées, vendues comme un condiment, qui peuvent s'incorporer dans pratiquement toutes les préparations alimentaires, et constituent un apport d'iode suffisant, tout en étant imperceptible (pour ceux que le goût iodé rebute). De plus, leur forme sèche permet une bonne conservation, donc pas de gaspillage, et si l'on opte pour les algues des côtes bretonnes, c'est local : n'en jetez plus, c'est le cas de dire...

Pour les apports en oméga-3, les noix et les huiles végétales, peu onéreuses, font admirablement l'affaire, avec l'huile de colza en particulier, économiquement très accessible, y compris en bio, et nutritionnellement parlant dotée d'un excellent ratio oméga-3/oméga-6. Son goût prononcé de crucifère ne plaît pas toujours, mais on peut le masquer avec de la moutarde (ironiquement, elle-même un autre crucifère...) ou opter pour d'autres huiles plus neutres en goût, mais plus onéreuses (lin, cameline, chanvre, etc.).

3 Les laitages sont-ils les seuls aliments riches en calcium ?

Non et c'est heureux ! Mais avant d'évoquer les alternatives calciques aux produits laitiers, je tiens à rappeler que la bonne santé de l'os repose au moins autant, et à mon avis davantage, sur de bons apports en magnésium, potassium, vitamine D3 et acides gras oméga-3, sans oublier une alimentation non acidifiante, idéalement alcalinisante...
À cet égard, les produits laitiers sont acidifiants et pro-inflammatoires, réunissant *de facto* toutes les caractéristiques du parfait aliment favorisant... l'ostéoporose ! Lorsque l'on évoque le tissu osseux, il serait souhaitable de se défaire de cette « obsession calcique ». Le calcium est bien sûr nécessaire, mais je rappelle que le calcium laitier se présente sous forme de phosphate, un sel acidifiant. Aussi, mieux vaut privilégier les sources de calcium non acidifiantes ou, mieux encore, alcalinisantes, la première d'entre elles, la plus abondante et la moins chère, reste l'eau, qui contient des sels de calcium et de magnésium.
Les crucifères (choux en particulier) sont l'autre source que je recommande vivement : riches en calcium, alcalinisants, puissamment anticancéreux, économiquement accessibles, encore des aliments qui ont vraiment tout pour plaire...
Je suis plus circonspect face à l'amande, un aliment riche en calcium, mais acidifiant. De plus, l'amande contient des oméga-9, certes bénéfiques pour le système coronarien, mais pas d'oméga-3, et c'est un aliment onéreux.

4 Je souhaite réduire ou arrêter ma consommation de viande. Comment m'y prendre ?

Bonne nouvelle : ce n'est ni cher, ni compliqué ! Et une fois de plus grâce aux légumineuses... Haricots, pois et autres fèves sont non seulement riches en protéines, mais elles apportent en quantité optimale tous les acides aminés essentiels (ceux que notre corps ne sait pas fabriquer et qui doivent être apportés par notre alimentation).
À ce sujet, je m'empresse de renverser l'idée selon laquelle les protéines des légumineuses présentent, pour l'homme, un déficit en

acides aminés soufrés (méthionine et cystéine), alors qu'en réalité, ce sont les protéines animales qui en contiennent trop, d'où leur effet acidifiant qui en résulte directement.
L'autre bonne nouvelle, c'est qu'il n'est pas vraiment nécessaire de bouleverser la structure traditionnelle des repas telle qu'on la connaît en France, grâce aux nombreux substituts végétaux (fromages, steaks, laits, etc.). À ce sujet, vous me fournissez l'occasion de réhabiliter les « protéines végétales texturées » (PVT) de soja, apparentées à des aliments « ultratransformés », alors qu'elles constituent une excellente source de tout aussi excellentes protéines, particulièrement économique, mais ayant hélas mauvaise presse.

5 Des conseils pour manger moins de produits d'origine animale tout en restant en parfaite santé ?

Invariablement, je vous réponds « légumineuses », leur remplaçant idéal, même si le terme « remplaçant » peut suggérer une sorte de substitut par défaut, alors que la supériorité nutritionnelle et sanitaire des légumineuses est manifeste, pour ne pas dire écrasante...
Pour illustrer mon propos, prenons le cas du préjugé inlassablement rabâché dans les médias, qui veut que le fer animal soit « mieux assimilé que le fer végétal ». Pourtant les légumineuses contiennent de la « phyto-ferritine », bien assimilée et, selon toute vraisemblance, meilleure pour la santé que le fer minéral ou animal (« fer héminique »).
Pour les laitages, le soja s'impose, non pas parce qu'il peut se prévaloir d'une quelconque supériorité nutritionnelle par rapport aux autres légumineuses, mais simplement pour des raisons techniques, liées notamment aux caractéristiques physico-chimiques (mais pas nutritionnelles !) de ses protéines, proches de celles des caséines du lait de vache.
Pour ce qui concerne les corps gras, j'apprécie tout particulièrement certaines margarines végétales (vérifiez bien qu'elles contiennent des bonnes graisses oméga-3 et qu'elles sont exemptes d'huile de palme).

POISSONS : LESQUELS PRIVILÉGIER ?

Il était une fois un pêcheur passionné et consciencieux qui, chaque matin avant l'aube, partait sur les mers avec ses petits filets de pêche traditionnels dans son modeste navire de bois ... Une image séduisante, souvent mise en avant sur les étiquettes de nos produits et dans leurs publicités, mais bien loin de la réalité industrielle de leur production. Difficile aujourd'hui de connaître le chemin parcouru par le poisson pané de notre assiette : sa provenance, la méthode de pêche employée, ses impacts sur les milieux marins ou encore les intermédiaires de transformation et distribution. Des informations pourtant précieuses si on souhaite consommer du poisson de façon responsable, c'est-à-dire dont la production n'affecterait idéalement ni les populations de l'espèce en question, ni les écosystèmes marins et qui soit peu gourmande en ressources.

QUAND LA PÊCHE DE POISSONS SAUVAGES POUSSE LES OCÉANS JUSQU'À LEURS LIMITES

La pêche intensive exerce aujourd'hui une réelle pression sur les stocks halieutiques, à tel point que dans le monde, 90 % des stocks de poissons sont surexploités ou exploités au maximum[12]. Les quantités pêchées sont donc trop importantes pour assurer le maintien de la population de poissons. C'est ainsi tout un écosystème, local et global, qui se voit perturbé. Pour cette raison, certaines espèces comme le thon rouge, l'anguille ou le flétan blanc sont aujourd'hui en voie de disparition et pourtant encore si souvent dans les menus de nos restaurants ou nos choix de consommation. Il convient donc d'éviter certaines espèces issues d'océans dans lesquels leur préservation est en réel danger. Un choix simple, aux impacts positifs pourtant indéniables.

« 90 % des stocks de poissons sont surexploités ou exploités à leur maximum »

EN PRATIQUE...

Espèces à privilégier

Huître creuse, Moule du Chili, Palourde

Merlan bleu, sardine (uniquement en provenance de la Méditerranée au sud de la Sicile)

Anchois (uniquement en provenance du Golfe de Gascogne)

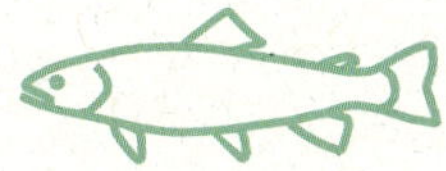

Truite (uniquement en élevage en Pologne, Danemark et Finlande)

Espèces à limiter

Saumon d'Alaska (en provenance du Canada), **Saumon d'Atlantique** (en provenance d'élevages européens)

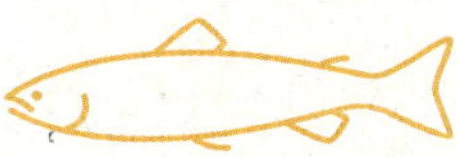

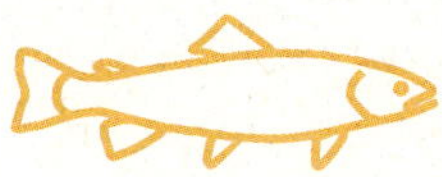

Truite d'élevage (en provenance du Royaume-Uni, de Turquie, du nord de l'Europe ou de Bulgarie),

Colin d'Alaska, Dorade royale (d'élevage), **Turbot** d'élevage (en provenance d'Europe)

Espèce à éviter

Thon rouge, Thon blanc (sauvage en Méditerranée ou pêché à la palangre dans le monde entier)

Panga, Sébaste, Cabillaud, Saumon d'Alaska (en provenance de Russie), **Saumon d'Atlantique** d'élevage (en provenance du Chili)

Anguille

Turbot sauvage (en provenance d'Atlantique)

Truite d'élevage (en provenance d'Espagne, d'Italie ou d'Amérique du Sud)

Crevette rose

Ces listes sont non exhaustives. Pour davantage de détails et d'informations, découvrez le guide interactif en ligne de l'ONG WWF sur lequel se base la liste ci-dessus et qui classe, à l'aide d'un code couleur (vert, jaune, rouge), les espèces de poissons en fonction des impacts environnementaux de leur consommation : impacts des techniques de pêche sur les populations de poissons et les écosystèmes, état des stocks et efficacité des mesures de gestion mises en place.
À retrouver sur www.consoguidepoisson.fr/wwf-recommendations/

L'appli utile

L'appli gratuite Etiquettable donne des informations (espèces menacées ou non, zones géographiques de pêches à éviter, etc.) et des recommandations de consommation (labels, provenances à privilégier, espèces à éviter, etc.) pour une centaine d'espèces de poissons et de fruits de mer. Un guide très facile d'utilisation et précieux pour élaborer les menus de sa semaine ou faire ses courses.

La pression des activités de pêche sur les populations marines est aggravée par les captures involontaires. En France, d'après l'ONG WWF, 25 % des poissons capturés sont rejetés en mer - vivants, blessés ou morts - car la cale est pleine ou l'espèce est commercialement inintéressante ou interdite à la pêche. Si les prises accidentelles sont si nombreuses, c'est en raison des techniques de pêche utilisées, réalisant une pêche massive et rapide, comme c'est le cas des filets draguant les fonds marins ou de la pêche électrique[13]. Pourtant, des méthodes de pêche comme la pêche à la ligne et la ligne de traîne permettent des prises plus sélectionnées et sont donc moins source de gaspillage.

La bonne adresse en ligne

La plateforme Poiscaille vous permet d'acheter directement au pêcheur des poissons sauvages 100 % français, issus de pratiques de pêche raisonnée. Le système de distribution et les prix proposés permettent également une meilleure rémunération des pêcheurs. À découvrir sur www.poiscaille.fr

LE POISSON D'ÉLEVAGE EST-IL VRAIMENT UNE SOLUTION ?

Et si le poisson d'élevage permettait tout simplement d'éviter la pression de la pêche sur les populations halieutiques sauvages ? La solution se révèle en réalité plus complexe, car l'élevage de poissons nécessite lui aussi une pêche sauvage massive. En effet, 4 kg de poissons sauvages – réduits en farines ou en huiles animales – sont nécessaires à la production d'un seul kilo de poisson d'élevage[14]. Ce sont ainsi 20 % des poissons pêchés qui servent directement à l'alimentation des animaux d'élevage[15]. Heureusement toutefois, 31 % de la production issue de l'élevage se débrouille sans intervention humaine pour manger. La carpe argentée, les huîtres et les moules en font partie.

Par ailleurs, l'élevage de poissons présente un enjeu supplémentaire, auquel ne participe pas la pêche sauvage. Lorsqu'il est intensif, il soumet les poissons à de lourdes perturbations de leurs conditions de vie. Au-delà du stress provoqué par leur transport au sein de l'élevage d'une étape de production à une autre, les poissons souffrent du confinement extrême que provoquent leurs cages souvent trop petites. La haute concentration de déjections qui en résulte altère grandement la qualité de l'eau dans laquelle ils vivent. Dans ces conditions, des troubles de leur comportement naturel et de leur santé sont souvent observés : morsures d'un poisson à un autre, stress, maladies, parasites, baisse de leur immunité, etc. Pour répondre à la majorité de ces maux, de grandes quantités d'antibiotiques leur sont généralement administrées.

ALORS QUE FAIRE ?

Si ni la pêche sauvage ni l'élevage ne se place comme réelle solution durable, la réduction de notre consommation de poisson est peut-être la plus prometteuse. Tout comme la viande*, il s'agit d'en consommer moins et de meilleure qualité. Mais qu'est-ce qui fait un poisson de qualité ? C'est tout d'abord l'espèce choisie et son lieu de pêche, comme indiqué page 77. Certains labels environnementaux peuvent aussi être d'une précieuse aide. Le label MSC (*Marin Stewardship Council*), par exemple, est spécialisé dans la labellisation de poissons sauvages issus d'une pêche durable, c'est-à-dire n'altérant pas

* Voir les informations et recommandations relatives à la viande de la page 66 à la page 68.

les écosystèmes locaux. Néanmoins, certaines études ont dernièrement montré le caractère imparfait de ce label, autorisant par exemple certaines pratiques de pêche au taux de captures accidentelles extrêmement élevé et délétère à certaines espèces[16]. Le label de l'agriculture biologique appliqué aux poissons d'élevage semble quant à lui plus exigeant. Il garantit notamment que les poissons bénéficient de meilleures conditions de vie (espace, qualité de l'eau, réduction maximale des transports et manipulations, etc.) et d'une alimentation au moins en partie biologique, que les espèces choisies soient locales et que l'utilisation d'antibiotiques soit limitée. Il interdit également l'utilisation d'organismes génétiquement modifiés et d'hormones[17].

La vie intellectuelle et sociale des poissons, souvent sous-estimée

À l'inverse de nombreuses idées reçues à leur sujet, les capacités intellectuelles des poissons peuvent être vertigineuses. L'excellente mémoire d'un saumon sauvage lui permet par exemple de reconnaître, par sa simple odeur, un cours d'eau par lequel il est passé deux années auparavant[18].

© Alexandra Neyroud

Interview de **Alexandra Neyroud,** fondatrice de l'association bordelaise RECUP (Recyclage Et Compostage Urbain Participatif*) et consommatrice ayant adopté dans son quotidien une alimentation sans viande ni poisson depuis 2015

1 Vous avez complètement arrêté de consommer de la viande et du poisson depuis 3 ans. Qu'est-ce qui a motivé ce changement ?

D'abord c'est une question de santé. La viande que nous achetons est pleine d'antibiotiques et d'hormones, puisque les animaux d'élevages doivent grossir et grandir vite. Pour ce qui est du poisson, quand on voit la pollution des océans, il faut bien se douter qu'elle se retrouve dans notre assiette. Par la suite, les enjeux environnementaux et liés au bien-être animal se sont ajoutés aux motivations qui m'ont poussée à arrêter de consommer de la viande et du poisson.

2 Comment avez-vous effectué votre transition ? Cela a-t-il été plus facile ou plus difficile que ce à quoi vous vous attendiez ?

J'ai décidé du jour au lendemain d'arrêter viandes et poissons. J'ai congelé ce qu'il me restait dans le frigo pour que cela ne soit pas perdu et que cela puisse être consommé par quelqu'un d'autre. Cela a été très facile et naturel. Il a simplement fallu inclure de nouveaux aliments dans mes repas quotidiens, comme les légumineuses.

3 Avez-vous fait des découvertes culinaires en changeant votre alimentation ?

Oui, l'alimentation végétarienne m'a permis de découvrir de nouveaux produits ainsi que de nouvelles recettes. Par peur des carences, je me suis aussi intéressée aux nutriments (protéines, vitamines, minéraux...) et j'ai ainsi rééquilibré mes repas.

4 Quels conseils donneriez-vous à quelqu'un qui souhaiterait réduire ou arrêter de manger de la viande ?

Le plus important d'après moi est de savoir pourquoi on décide d'arrêter (ou réduire) la viande et surtout de ne pas l'oublier. Ça n'est pas un régime « restrictif » mais seulement un moyen de vivre en cohérence avec ses valeurs.

* Pour en savoir plus, rendez-vous page 60 !

QUELS IMPACTS ET QUELLES SOLUTIONS POUR LES ŒUFS ET LES LAITAGES ?

PRODUITS DÉRIVÉS DES ANIMAUX : POURQUOI EN CONSOMMER MOINS ?

Pendant trois ans, la Commission EAT-Lancet sur l'alimentation, la planète et la santé[19], composée de 37 experts (des domaines de la santé, de la nutrition, de l'environnement, de l'économie ou encore de la gouvernance politique) de 16 pays, a réfléchi à un système alimentaire à la fois plus respectueux de l'environnement et meilleur pour la santé humaine, mais également réaliste, concrétisable et adapté aux 10 milliards d'êtres humains qui habiteront la Terre en 2050. Des recommandations sur les pratiques agricoles* ont ainsi été établies, ainsi que sur les choix alimentaires des consommateurs, en fonction de leurs impacts nutritionnels et environnementaux. Les experts ont déterminé qu'en Europe, la consommation de viande rouge est 4,5 fois trop importante, celle de légumes féculents 4 fois trop et celle d'œufs 2 fois trop.
La commission recommande donc un régime basé sur une grande variété d'aliments d'origine végétale – davantage de céréales complètes, légumineuses (lentilles, pois, haricots secs, etc.), fruits à coques, fruits et légumes et moins de viande et de sucre. Les auteurs de l'étude estiment qu'une telle alimentation augmenterait l'apport en micronutriments essentiels, tels que la vitamine A, le fer, le folate ou encore le zinc. Pour notre santé et pour l'environnement, notre consommation moyenne de produits d'origine animale serait donc à réduire, au profit de sources végétales de protéines. Côté environnement, l'impact des produits laitiers, par exemple, est similaire à celui de la viande bovine, comme évoqué ci-contre. La consommation en ressources (eau, céréales, etc.) des vaches laitières d'élevages industriels est en effet massive. Ainsi, une vache consomme en moyenne 60 kg de fourrage (et/ou d'herbe en pâturage), 20 kg de maïs fourragé, 12 kg de céréales (blé, orge...), 6 kg de tourteaux de soja/tournesol/colza, 2 kg de minéraux et 30 à 90 litres d'eau par jour, pour ne produire qu'en moyenne 28 litres de lait[20]. S'y ajoutent les gaz à effet de serre qu'elle émet.

* La commission préconise une « intensification durable de l'agriculture », notamment par l'élimination de l'utilisation de combustibles fossiles et des changements d'affectation des sols dans l'agriculture, la suppression de toute pratique provoquant une perte de biodiversité, un arrêt de l'expansion agricole dans des écosystèmes naturels et des améliorations radicales de l'efficacité de l'utilisation d'engrais et d'eau. L'étude recommande également une réduction de moitié des déchets agricoles et alimentaires.

“ L’impact environnemental des produits laitiers est similaire à celui de la viande bovine ”

Les « vaches laitières », ça existe vraiment ?

Bien que certaines races en produisent plus que d’autres, une vache n’est pas conçue en soit pour produire du lait. Comme tout mammifère, son corps en génère pour son petit lorsqu’elle a donné naissance. Dans la quasi-totalité des élevages laitiers, les veaux sont donc séparés de leur mère quelques jours voire heures après la naissance pour pouvoir collecter son lait. Ils sont généralement enfermés seuls plusieurs semaines dans des cases individuelles puis abattus pour leur viande.

EN PRATIQUE...

SAVOIR DÉCODER... LES ŒUFS !

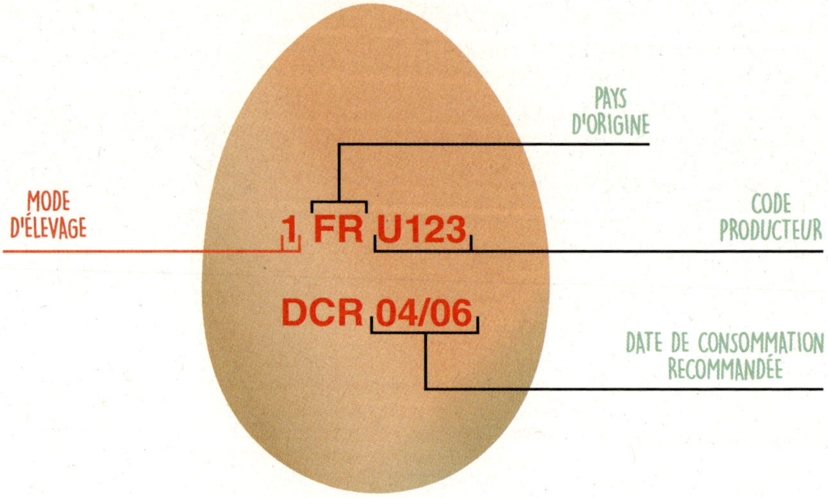

Mais que signifient les chiffres et lettres imprimés sur la coquille de vos œufs ? Aux côtés du code du pays et de l'exploitation d'origine, se trouve à gauche un chiffre allant de 0 à 3. Il s'agit d'un code réglementé indiquant le mode d'élevage et de conditions de vie des poules : en cages, au sol, en plein air ou biologiques.

3 : POULES ÉLEVÉES EN CAGES

Entassées au nombre de 18 poules par mètre carré – soit l'équivalent de la surface d'une simple feuille A4 par poule – dans des cages métalliques, les poules ne peuvent jamais ouvrir leurs ailes ni même marcher. Les cages sans fond y sont empilées sur plusieurs mètres de hauteur. Beaucoup finissent par succomber des blessures causées par les barreaux de leur cage. Ces conditions extrêmes sont de plus en plus dénoncées et boycottés par les consommateurs. Cela a incité de plus en plus marques ou enseignes à ne plus avoir recours aux œufs issus de ce type d'élevages. Malheureusement, ils restent encore très présents au rayon œufs des supermarchés et dans les produits transformés (brioches, mayonnaises, plats préparés, etc.) non certifiés biologiques.

2 : POULES ÉLEVÉES AU SOL

LE SAVIEZ-VOUS ?
68 % des œufs vendus dans le commerce en France proviennent de poules élevées en cages[21].

Serrées au sol dans d'immenses hangars sans lumière du jour ni accès à l'extérieur, les poules y vivent au nombre de 9 par mètre carré, soit seulement l'équivalent de la surface d'une feuille A3 par poule. Sans espace, sans accès à un sol naturel ou sans perchoir, elles ne peuvent répondre à leurs besoins et comportements naturels, comme picorer la terre pour rechercher de la nourriture, faire leur toilette, s'organiser en petits groupes selon une hiérarchie sociale, etc. Cet environnement entraîne un mal-être profond, se traduisant souvent par des comportements anormaux, comme des automutilations ou des comportements agressifs.

1 : POULES ÉLEVÉES EN « PLEIN AIR »

Bien loin de l'image d'une poignée de poules gambadant dans les herbes hautes, la réalité des élevages dits « en plein air » est autre. Les élevages y sont similaires à ceux dits « au sol » (voir ci-dessus), à la seule différence que les poules disposent en plus d'un accès à l'extérieur au moins quelques heures par jour laissant un minimum de 4 m^2 par poule. Ce terrain extérieur se révèle souvent être un simple enclos de terre, sans arbres, ombre, herbe ni perchoirs, inapproprié aux besoins des poules. Le reste de la journée et de la nuit, les conditions des poules sont identiques à celles des élevages au sol.

0 : POULES D'ÉLEVAGES CERTIFIÉS « BIOLOGIQUES »

Le label de l'agriculture biologique apporte davantage de critères permettant de réduire le mal-être des poules d'élevage. Elles y ont accès à un terrain extérieur au moins quelques heures par jour, qui est composé d'un parcours permettant de répondre à certains comportements nécessaires et naturels des poules, comme se percher en hauteur. Elles y ont chacune l'équivalent d'un espace de 5 m^2. À l'intérieur du bâtiment, se trouvent au maximum 6 poules par mètre carré, soit plus de deux fois moins que dans les élevages en cages. Par ailleurs, 95 % des matières premières de leur alimentation doivent provenir de l'agriculture biologique.

Lors de vos achats d'œufs au marché, vérifiez toujours le code inscrit sur leur coquille. Il n'est pas rare que certains commerçants peu scrupuleux vendent des œufs d'élevage en cages ou en sol en indiquant pourtant « plein air » sur

LE SAVIEZ-VOUS ?

Les élevages « Label Rouge » et « Agriculture Biologique » ne peuvent pas contenir plus de, respectivement, 6 000 et 3 000 poules par bâtiment. Les autres types d'élevages ne sont soumis à aucune obligation sur ce plan, ce qui donne souvent lieu à d'immenses hangars occupés par des dizaines de milliers de poules chacun !

leur étal. Attention aussi aux étiquetages marketing des boîtes d'œufs, comme la présence d'images de fermes traditionnelles ou de mentions telles que « œufs ultrafrais » sur l'emballage, n'apportant aucune garantie concernant les impacts environnementaux de l'élevage et les conditions de vie des poules. Et le Label Rouge ? Classé sous le chiffre « 2 » (poules « élevées en plein air »), il n'apporte pas de garantie sur le plan environnemental et très peu sur celui du mal-être des poules. Il se concentre sur la qualité du produit pour le consommateur, comme la fraîcheur des œufs. Il apporte tout de même un critère supplémentaire concernant l'espace minimum alloué aux poules à l'extérieur (5 m^2 par poule contre 4 m^2 en élevage « plein air » classique), mais pas à l'intérieur des bâtiments (9 poules par m^2 maximum). Le Label Rouge n'est donc pas un label environnemental. Il est bien moins exigeant que le label de l'agriculture biologique concernant les conditions de vie des poules. Il reste toutefois préférable aux œufs de poules d'élevages en cages, au sol ou « plein air » classique.

La marque engagée

La marque d'œufs Poule House, distribuée dans certains magasins biologiques et supermarchés, travaille avec des élevages certifiés biologiques, qui s'engagent à ne pas tuer les poules une fois leur productivité en baisse, mais à les envoyer dans un des refuges de la marque. Cet engagement a un coût, se répercutant sur le prix final des œufs, pouvant toutefois être compensé par les actions écologiques économiques proposés dans ce livre !

Dans l'ensemble des types d'élevages évoqués ci-dessus (agriculture biologique comprise), des pratiques de mutilation sont autorisées et systématiques. Ainsi, les bouts des becs des poules sont brûlés à hautes températures peu après leur naissance (pour éviter qu'elles ne se blessent en raison de l'agressivité engendrée par les conditions des élevages, voir page 84). De plus, parce qu'ils ne pondent pas d'œufs et ne sont pas d'une race dite « de chair », les poussins mâles sont tués à la naissance, gazés ou broyés vivants. Les poules d'élevage seront elles aussi rapidement tuées, au bout d'un an, car leur production d'œufs baisse.

EN CONSOMMER MOINS MAIS MIEUX : TROUVER SON ÉQUILIBRE

Comme pour la viande, il ne s'agit pas nécessairement de supprimer entièrement de votre alimentation les aliments d'origine animale si vous n'en avez pas l'envie. Le principe d'en *consommer moins mais mieux* représente, là également, une solution intermédiaire très efficace. Vous pouvez ainsi prévoir d'intégrer progressivement à vos menus hebdomadaires de plus en plus de repas sans produits d'origine animale. Fixez-vous des objectifs réalistes et qui vous correspondent : par exemple 2, 3 puis 4 dîners sans produit d'origine animale par semaine, en profitant de sources d'inspiration multiples à votre disposition ! L'appli gratuite Vegg'up, par exemple, est une excellente mine d'idées de recettes sans aliments animaux. Elle propose même de nombreuses options vous permettant de réaliser des recettes en fonction de votre cas personnel : allergies, choix alimentaires, matériel de cuisine à disposition (mixeur, four, robot, etc.) ou même les aliments présents dans votre réfrigérateur ! Piochez également des idées sur Internet, sur les blogs et dans les livres évoqués page 71 et 223 ainsi que dans mes recettes d'entrées, de plats et de desserts aux pages 159 à 210.

Vachement intelligentes !

Tout comme les poules, les vaches sont des animaux incroyablement intelligents et curieux. Leur instinct maternel est par exemple très développé. Malines, elles peuvent aussi utiliser leurs cornes comme outils pour ouvrir une porte... ou un robinet !

© Fanchon Bilbille

Interview de **Guillaume Meurice**, humoriste satirique et chroniqueur radio sur France Inter, engagé notamment sur des thématiques environnementales

1 La transition vers une alimentation sans viande n'est pas toujours évidente. Des livres, des documentaires, des sites Internet… vous ont-ils aidé ?

Oui, le premier documentaire qui m'a fait prendre conscience de l'incohérence entre mon discours et mes actes est *Cowspiracy*. La consommation de viande a souvent été l'angle mort des mouvements écologistes qui, soucieux de ne fâcher personne, mettaient souvent la question sous le tapis. Ce film révèle à la perfection cette contradiction. Évidemment, j'aime beaucoup également le travail de l'association L214 qui met en lumière la réalité des conditions de vie et de mort des animaux destinés au commerce de la viande. Les actions que l'association mène sont aujourd'hui indispensables et alertent l'opinion publique, et donc font bouger les lignes politiques. Et enfin, je me régale devant les bandes dessinées de Insolente veggie parce que rien de tel que l'humour pour déconstruire des arguments fallacieux ! C'est d'ailleurs assez marrant de constater que « végétarien » est souvent associé à « chiant et dépressif » alors qu'un mec qui découpe des animaux morts est considéré comme un « bon vivant ».

2 Votre passage à une alimentation sans viande a-t-il diminué la diversité de vos aliments ou vous en a-t-il au contraire fait découvrir de nouveaux ?

Ni l'un, ni l'autre. Je me suis juste adapté. Mais je comprends la passion autour de cette question. Nous sommes un vieux pays de traditions où l'art de la table excite les ardeurs. Cependant, il me semble aussi que les choses évoluent. Lentement, certes, mais évoluent quand même. Se servir de cette culture de la bouffe pour explorer de nouvelles pistes, se nourrir autrement, redécouvrir des légumes par exemple, peut également enrichir cette culture. Évidemment les lobbies de l'agroalimentaire, et précisément de l'élevage, ne l'entendent pas ainsi et continuent de ralentir ce processus de transition. Ainsi que les politiques qui continuent à nous faire avaler pas mal de salades aux pesticides de synthèse, ainsi que des couleuvres.

3 Ce changement d'alimentation entraîne souvent également un changement de perception plus large de notre système agroalimentaire, de notre rapport aux animaux, de nos rapports sociaux, etc. Qu'est-ce que cette transition a-t-elle changé chez vous (dans votre vie personnelle comme professionnelle) ?

J'ai beaucoup plus de discussions avec mon entourage sur cette question puisqu'à chaque fois que l'on dit « je suis végétarien » beaucoup de gens se sentent offensés dans leur choix de vie. C'est comme s'ils entendaient « enfoiré de bouffeur de cadavres ». Donc les réactions sont vives et nombreuses. Ça tombe bien, j'aime débattre. C'est étonnant que de plus en plus de gens prennent à ce point conscience de l'urgence climatique mais que la consommation de viande ne faiblisse pas. Pourtant, le végétarisme est bien moins cher et meilleur pour la santé. Sommes-nous à ce point attachés à nos maladies cardio-vasculaires de luxe bien de chez nous !? À nos « cancers du tube digestif AOC » ?

PRODUITS LOCAUX ET DE SAISON : POURQUOI ILS FONT LA DIFFÉRENCE

« Mangez local et de saison ». À l'école, à la maison, dans les médias, j'en entendais parler. J'avais conscience qu'une tomate n'était pas le fruit le plus écologique à acheter au mois de décembre, sans jamais pourtant en comprendre réellement la raison. Était-ce parce qu'elle était cultivée sous serre plastique ? Ou encore parce que sa production nécessitait davantage de fertilisants ? Au fil de mes lectures, je commençais à saisir d'où ma tomate de Noël provenait vraiment, comment elle avait en réalité été produite et donc pourquoi ses impacts environnementaux étaient si lourds. J'apprenais ainsi l'existence des serres artificiellement chauffées ou celle de l'importation massive de l'autre bout du monde de produits d'apparence pourtant locale - tomates, pommes, fraises - car nécessitant un climat absent en France la moitié de l'année.

SOLEIL, CHALEUR, HUMIDITÉ... RECRÉER UN CLIMAT HORS SAISON (À TOUT PRIX)

Envie de faire pousser des fruits et légumes amateurs de lumière et de chaleur, comme les tomates, les poivrons, les concombres ou les aubergines, dans le froid d'un hiver européen ? Facile ! Il vous suffit d'une serre de plusieurs centaines de mètres de longueur, que vous chaufferez artificiellement au fuel, au gaz, au bois ou aux eaux chaudes industrielles (provenant par exemple de la chaleur produite par un incinérateur de déchets). Dans les deux premiers cas, ce chauffage est source de massives émissions de gaz à effet de serre. Dans les autres cas, le bilan carbone est faible mais les importantes quantités de ressources consommées - comme le bois - auraient pu être employées pour des besoins prioritaires, comme le chauffage de logements ou de bureaux. Les serres chauffées, très courantes aux Pays-Bas et en Espagne, sont parfois également éclairées la nuit, afin d'accélérer la croissance des fruits et légumes cultivés. Ainsi, les impacts environnementaux d'une tomate produite sous serre chauffée sont jusqu'à 20 fois[23] supérieurs à ceux d'une tomate produite localement et en saison !

LE SAVIEZ-VOUS ?
La production d'un légume sous serre chauffée émet 10 à 20 fois plus de gaz à effet de serre que la culture du même légume en plein champ[24].

EXOTIQUES OU ORDINAIRES, NOS PRODUITS DU QUOTIDIEN SE PROMÈNENT D'UN CONTINENT À L'AUTRE

La culture sous serre chauffée se révèle parfois trop coûteuse pour certains produits. Lorsque l'automne et l'hiver arrivent en Europe, les supermarchés ont alors recours aux producteurs de l'hémisphère Sud, où le soleil et la chaleur offrent d'excellentes conditions aux fruits et légumes d'été. Nous retrouvons ainsi sur nos étals des pommes du Chili, des kiwis de Nouvelle-Zélande, des poires de Turquie ou encore des carottes d'Afrique du Sud. Les fruits et légumes y sont cueillis avant maturité, ce qui leur permet de mieux voyager, au prix souvent de leur saveur, voire de leurs vitamines. Étant donné leur périssabilité rapide, l'avion est souvent employé. C'est en effet le moyen de transport intercontinental le plus rapide... bien qu'également le plus polluant. Le transport d'un fruit hors saison importé par avion consomme 10 à 20 fois plus de pétrole que le même fruit cultivé localement et en saison. Un kilo de fraises d'hiver peut ainsi nécessiter l'équivalent de 5 litres de gasoil pour arriver dans nos assiettes[25].

LE SAVIEZ-VOUS ?
Pour chaque calorie de carotte importée d'Afrique du Sud en Europe par avion, ce sont 66 calories de carburant qu'il faut brûler[26].

« Le transport d'un fruit hors saison importé par avion consomme 10 à 20 fois plus de pétrole que le même fruit cultivé localement et en saison »

Les produits hors saison ne sont pas les seuls à voyager. En raison notamment d'une main d'œuvre bon marché et d'un prix très faible du fuel, produire à l'étranger un aliment pourtant adapté au climat français est parfois financièrement plus avantageux. Pour conserver leur avantage dans la guerre de prix des supermarchés, ces derniers ont souvent recours à ces pratiques. C'est ainsi que 25 % de la viande bovine, 30 à 40 % de la viande de volaille et 35 % de la viande de cochon consommés en France sont importés[27]. C'est également très souvent le cas des ingrédients de produits transformés (plats préparés, yaourts, sauces, soupes, etc.), dont la ou les provenances sont très rarement étiquetées. Ainsi, si on additionne les distances effectuées par chaque matière première utilisée pour fabriquer un yaourt aux fraises (fraises, lait, levures, sucre, pot en plastique, couvercle, étiquettes, etc.), ce sont plus de 9 000 km qui ont été parcourus[28] ! Les matières et produits non périssables (sucre, emballages, boîtes de conserve, etc.) auront adopté le transport maritime. Bien que largement moins émetteurs de gaz à effet de serre que les avions, les cargos se révèlent être de lourds pollueurs de l'air, en raison de leur consommation de pétrole dit « bunker » ou « pétrole lourd », la forme de pétrole la plus polluante qui existe. Source d'importantes émissions d'oxyde d'azote et d'oxyde de soufre pour cette raison, ils accélèrent la formation de particules fines et ultrafines dans l'air.

Jus à base de concentré : tout sauf local et naturel

Les jus d'orange « à base de concentré » proviennent généralement d'oranges pressées au Brésil. Le jus y est ensuite chauffé et réduit en poudre pour être moins lourd et donc moins coûteux à transporter. Une fois en Europe, on y réintègre de l'eau, ainsi que généralement des arômes, colorants et vitamines de synthèse pour lui redonner artificiellement ses propriétés initiales.

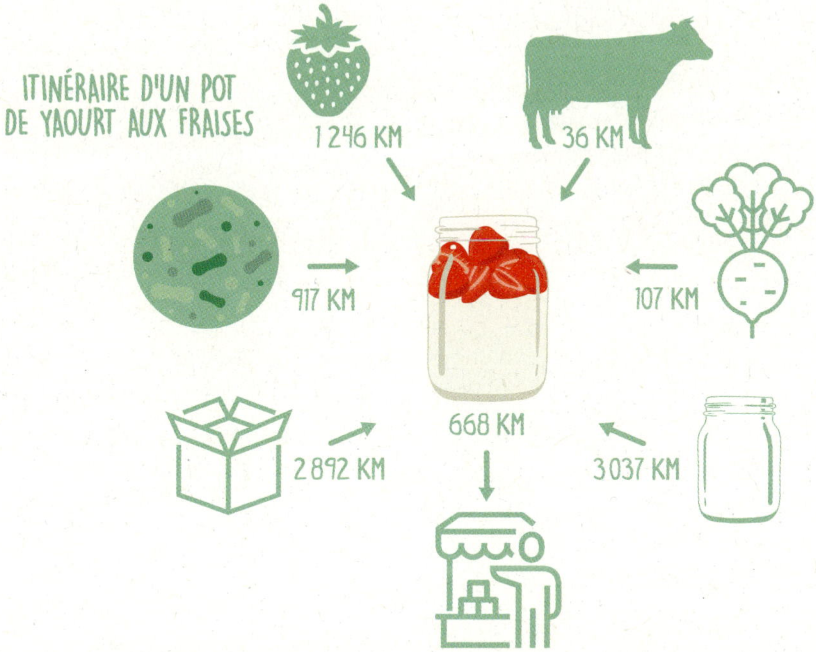

Des scientifiques allemands de l'Institut pour le climat, l'environnement et l'énergie de Wuppertal ont évalué le nombre de kilomètres parcourus par les différents ingrédients nécessaires à la fabrication d'un yaourt aux fraises jusqu'à son arrivée sur le lieu de vente : en tout 9 000 km ! En effet, le lait produit à une distance moyenne de 36 km de la coopérative, les fraises récoltées en Pologne à 1 246 km, le sucre raffiné à 72 km à partir de betteraves situées à 35 km de la raffinerie (soit 107 km), les ferments lactiques produits à 917 km ont ainsi parcouru 2 306 km avant d'arriver à la coopérative. L'emballage (verre, papier, colle) a lui parcouru 3 037 km, et le conditionnement pour le transport (cartons, films plastiques) représente 2 892 km supplémentaires. Au total, si on ajoute 668 km de distance moyenne entre la coopérative et les points de vente, le yaourt aux fraises aura parcouru une distance effective de 9 000 km, soit 13 fois la distance qui sépare son lieu de production de son lieu de consommation[28].

EN PRATIQUE...

OÙ ACHETER LOCAL ET DE SAISON POUR SIMPLIFIER SES COURSES

Première action à mettre en place dans son quotidien : imprimer un calendrier des fruits et légumes et l'accrocher dans sa cuisine ! Il vous guidera ainsi pour concocter vos menus et élaborer votre liste de courses en fonction des produits du mois. Inspirez-vous, par exemple, des recettes des pages 159 à 210 du livre, classées par saison.

Deuxième action facile également : lorsque vous y pensez, jetez un coup d'œil à l'étiquette d'un produit pour en connaître la provenance. Cette dernière est obligatoirement indiquée sur les pancartes de prix des fruits et légumes frais en supermarché, en boutique ou au marché. L'affaire se complique pour les produits transformés et/ou non frais. La provenance de leurs ingrédients y est rarement étiquetée. Lorsqu'ils sont certifiés « agriculture biologique », ce logo vous est d'une précieuse aide. Il indique l'origine géographique approximative des ingrédients : « agriculture UE » (le produit ou ses ingrédients viennent exclusivement d'Europe), « agriculture non UE » (le produit ou ses ingrédients proviennent exclusivement d'autres continents) et « agriculture UE/non UE » (une partie des ingrédients provient d'Europe, l'autre partie d'autres continents).

Heureusement, certains magasins facilitent les achats locaux et de saison. La coopérative Biocoop propose, par exemple, très peu de fruits et légumes non locaux et hors saison, à la différence d'autres enseignes de magasins biologiques. Il existe également des boutiques de producteurs locaux regroupés en coopératives. L'ensemble des produits y est donc cultivé dans votre région, voire votre département, et est vendu sans intermédiaires. Simple bémol : les produits ne sont pas toujours certifiés biologiques. Un problème pour les fruits et légumes les plus contaminés aux pesticides (voir la liste page 102). Ce principe s'est également décliné sous la forme d'AMAP (associations de maintien de l'agriculture paysanne), des coopératives de petits producteurs locaux qui proposent des paniers hebdomadaires de fruits et légumes, composés des récoltes de la semaine (dont vous n'avez pas le choix : une bonne façon de (re) découvrir des aliments boudés !). Le client règle à l'avance ses paniers (généralement par trimestre). Ce mode de financement est primordial pour les producteurs car source d'une précieuse sécurité financière.

Si vous souhaitez avoir un choix plus large des denrées que vous achetez, des plateformes, comme La ruche qui dit oui ! proposent une commande détaillée (à passer en ligne) de fruits, légumes, viandes, œufs et produits laitiers de producteurs locaux. Les achats sont récupérés pendant une plage horaire et sur un lieu définis. Un système laissant plus de choix au consommateur, mais offrant moins de sécurité aux producteurs.

LISTE GRISE DES ALIMENTS LES PLUS POLLUANTS

Émissions de gaz à effet de serre, déforestation, érosion des sols, destruction de la biodiversité locale ou encore consommation massive d'eau : les impacts générés par l'agriculture peuvent être multiples et de différentes natures. Mais leur intensité varie heureusement grandement d'un aliment à l'autre. Certains, à limiter en priorité lorsqu'on le peut, présentent ainsi des impacts particulièrement forts, en raison des besoins naturels de la plante (besoins importants d'irrigation, besoin de larges surfaces…) ou des pratiques d'agriculture intensive presque systématiques pour certaines cultures (déforestation, monoculture nécessitant de lourdes quantités d'intrants…). Sans nécessairement en supprimer entièrement votre consommation au quotidien, la réduire petit à petit et sans sacrifices est une action facile et efficace !

L'appli utile

L'appli mobile gratuite MyLabel permet de scanner ses produits alimentaires et d'en connaître certaines informations précieuses, comme les additifs dangereux qu'ils contiennent, leurs labels, leurs valeurs nutritionnelles, leurs impacts sur la biodiversité, etc. Une note globale (sous forme de smileys) est donnée à votre produit et des alternatives (des équivalents d'une autre marque, par exemple) plus respectueuses de la santé et de l'environnement vous sont proposées.

LES ALIMENTS LES PLUS DESTRUCTEURS DES FORÊTS ET DE LEUR BIODIVERSITÉ

Afin d'augmenter les surfaces agricoles, le recours à la destruction de parcelles forestières n'est pas rare. L'agriculture est d'ailleurs responsable de 80 %[29] de la déforestation dans le monde. Mais quels en sont les conséquences environnementales ? Cette pratique se répercute en premier lieu directement sur la faune et la flore locales, détruisant les habitats et les sources d'alimentation de milliers d'espèces végétales et animales (mammifères, oiseaux, insectes, bactéries, etc.). N'étant plus structurés ni retenus par les racines de la végétation, les sols déforestés sont eux aussi touchés, car ainsi soumis à des risques d'érosion et de lessivage par les pluies. Un réel danger pour les écosystèmes locaux, mais également pour les activités et les vies humaines du territoire, car cela peut entraîner certaines catastrophes naturelles, comme les inondations, les coulées de boue ou encore les glissements de terrain. Plus surprenant encore, la déforestation influence la pluviométrie régionale ! Un terrain forestier joue un rôle capital dans l'hygrométrie d'un territoire, par son processus naturel d'évapotranspiration des arbres, rechargeant l'atmosphère en humidité. Une forêt équilibre même le climat local - car elle absorbe la lumière et une partie de la chaleur et maintient un taux d'humidité constant - et même mondial. Véritable « puits de carbone », une forêt absorbe et stocke naturellement le dioxyde de carbone. Lors de sa destruction artificielle par la déforestation, ce carbone est rejeté dans l'atmosphère et contribue de manière significative au changement climatique.

LE CHOCOLAT

En Afrique, qui fournit près des trois quarts du cacao vendu dans le monde, la cacaoculture dévaste des paysages de l'ouest du continent, détruisant même parfois en toute illégalité des parcelles de réserves naturelles protégées. En Côte d'Ivoire, cette déforestation illicite représenterait 30 %[30] de la culture du cacao du pays. La destruction de leur habitat naturel y a, par exemple, repoussé les éléphants dans de minces parcelles de forêts. D'autres espèces, telles que les hippopotames, les écureuils, les crocodiles ou encore les léopards, sont également menacées. Pire encore, les cultures de cacaotiers d'Amérique latine et d'Afrique feraient très souvent appel au travail illégal d'enfants[31].

LE CAFÉ

Bien que le café pousse naturellement à l'ombre des arbres, sa production intensive se fait en plein soleil sur des parcelles déforestées, afin d'en accélérer et faciliter sa culture. Contributeur de la première heure du changement climatique par sa culture intensive, le café est paradoxalement une des premières cultures alimentaires à en souffrir significativement. En Amérique du Sud et en Afrique, les productions de café sont déjà touchées par des températures plus hautes et des sols plus secs. Ainsi, 60 % des espèces de café sauvage pourraient disparaître dans les prochaines décennies[32].

LA PALME

Bien connue pour les dommages environnementaux de sa culture intensive et massive, l'huile de palme est pourtant omniprésente dans nos mets du quotidien : biscuits, margarine, pâte à tartiner, sauces, cakes, brioches ou encore pizzas surgelées. Gourmande en surface agricole et amatrice des climats chauds et humides, la culture de la palme touche aujourd'hui particulièrement la forêt amazonienne et la biodiversité qu'elle abrite. Sous la pression de médias et de consommateurs, de plus en plus de marques s'engagent à réduire, voire supprimer l'utilisation de cette huile dans leurs produits. Une belle illustration du pouvoir d'influence de nos choix de consommation du quotidien sur les pratiques agroalimentaires !

LE SUCRE

Les racines de la canne à sucre retenant peu la terre, sa monoculture industrielle s'étalant sur plusieurs hectares crée une érosion massive des sols. Selon le WWF, les cultures sucrières font perdre chaque année 5 à 6 millions d'hectares de terres cultivables dans le monde[33]. Ce phénomène est amplifié lorsque la production se fait sur des terrains pentus, où l'irrigation et les fortes pluies entraînent un réel lessivage des sols, les appauvrissant lourdement.

LE SOJA

Cultivé de manière particulièrement massive et intensive au Brésil, c'est dans cette région du monde que la production de soja est la plus destructrice. La grande majorité des récoltes brésiliennes ne sont d'ailleurs pas destinées à l'alimentation humaine mais à celle des élevages bovins ou porcins industriels brésiliens – très courants dans le pays – ou étrangers – français notamment. Ne cherchez donc pas à éviter les produits à base de soja, comme les yaourts végétaux ou les crèmes de soja, car ils sont la plupart du temps composés de soja cultivé en France. Par ailleurs, leur bilan environnemental est bien moins élevé que les produits d'origine animale qu'ils remplaçent (en savoir plus pages 66 à 75).

LES ALIMENTS LES PLUS GOURMANDS EN EAU

Qui a dit que prendre des douches courtes et fermer le robinet lorsqu'on se lave les mains étaient les seules façons de réduire sa consommation d'eau ? Aujourd'hui, l'agriculture représente 70 % de l'utilisation de l'eau dans le monde ! Irrigation massive, accaparement de l'eau de pluie, épuisement des nappes phréatiques et des plans d'eau, assèchement de l'environnement local... Les quantités d'eau nécessaires à la culture de certains de nos aliments présentent un réel enjeu, en raison de ses répercussions environnementales, mais également sanitaires, économiques, sociales et parfois démographiques. Toutes les productions agricoles n'ont pas la même empreinte hydrique. Plutôt qu'une simple liste énumérative des aliments les plus gourmands en eau, j'ai préféré comparer entre eux des aliments aux utilisations nutritionnelles et culinaires similaires, afin d'y apporter un ordre de grandeur et des pistes d'alternatives moins impactantes*. Là encore, il ne s'agit pas nécessairement de supprimer entièrement sa consommation de ces mets, mais de la réduire si possible, à son rythme et en fonction de ses préférences !

LE SAVIEZ-VOUS ?
La production d'un hamburger au fromage et au bœuf et d'une canette de soda nécessite 2 932 litres d'eau[38], soit l'équivalent de 36 baignoires d'eau.

Les sources de protéines

Aliment	Litres d'eau par gramme de protéine	Litres d'eau par kilogramme d'aliment
Viande bovine	10,19	15 415
Viande de mouton	4,25	8 763
Viande de poulet	3	4 325
Viande de cochon	2,15	5 988
Légumineuses (lentilles, pois chiches, haricots secs...)	1,19	4 055

Source des données : Water FootPrint Network [34]

* Les différentes catégories d'aliments présentées ici ne doivent pas être comparées entre elles car, à poids équivalent, elles ne présentent pas les mêmes apports nutritionnels (calories, protéines, lipides, glucides, vitamines, minéraux...). Les comparaisons ne peuvent donc être opportunes qu'au sein d'un groupe d'aliments.

Les légumes

Aliment	Litres d'eau par kilogramme d'aliment
Asperge	2 150
Artichaut	818
Laitue	237
Tomate	214
Carotte	195

Source des données : BFMTV [34]

Les céréales

Aliment	Litres d'eau par kilogramme d'aliment
Riz blanc	2 414
Soja	900
Blé	590
Orge	524
Maïs	238

Source des données : BFMTV et CNRS[34]

Les desserts et snacks

Aliment	Litres d'eau par kilogramme d'aliment
Chocolat	17 196
Pistaches	11 363
Amandes	8 047
Pain	1 608
Pommes	822
Kiwis	514

Source des données : BFMTV[37]

Photo ©Marianne Petit

Interview de **Shafik Asal**,
directeur associé de ECO2 Initiative
et cofondateur de l'appli Etiquettable

1 Vous accompagnez les mairies des 9e et 10e arrondissements de Paris dans la réduction des impacts environnementaux de l'alimentation servie dans les cantines de leurs écoles élémentaires. En quoi cela consiste-t-il ? Quels sont les changements que vous y avez effectués ?

Nous avons réalisé en 2017 le bilan carbone de la restauration collective de la ville de Paris et nous nous sommes rendu compte que l'empreinte carbone des repas servis ne baissait pas suffisamment malgré les efforts réalisés par les équipes des caisses des écoles. L'idée est donc dans ce projet de se focaliser sur l'empreinte carbone et la réduire tout en gardant l'équilibre nutritionnel et les autres aspects de la durabilité (produits bio, locaux, de saison, pêche durable...).

Le principal changement est d'avoir réussi à intégrer cet indicateur comme paramètre à prendre en compte dès de la conception des menus et nous avons développé un outil de conception de menus qui donne l'empreinte carbone, le respect des paramètres nutritionnels et évalue la part de produits durables.

2 Une alimentation plus écologique et responsable proposée par ces cantines leur a-t-elle coûté plus cher ?

Non, pas du tout. Réduire l'empreinte carbone de l'assiette revient en priorité à réduire les protéines animales qui y sont présentes, c'est donc au contraire une économie. Et cette économie permet d'introduire plus de produits bio et locaux, sans surcoût sur le prix final du repas.

3 Comment les enfants ont-ils appréhendé ces changements dans leurs menus ? Et les parents ?

Lorsque le plat est bon, les enfants n'ont que faire des autres considérations. Le défi est donc de servir des plats bas carbone délicieux. Quant aux parents, ils sont de plus en plus nombreux à soutenir ces démarches, certains font même pression sur les élus pour introduire plus de produits durables dans les menus, même si on rencontre aussi parfois des réticences. Mais globalement, si les plats sont de bonne qualité et bons au goût, les mentalités changent à grande vitesse et les parents voient d'un bon œil ces évolutions.

4 Avez-vous déjà remarqué (ou calculé) les retombées positives de ces initiatives ?

Oui, c'est l'originalité du projet. Nous avons des indicateurs chiffrés. En septembre 2018, l'empreinte carbone était de 1 865 g d'équivalent CO_2 par repas servi. En juin 2019, nous en sommes à une empreinte moyenne de 1 450 g d'équivalent CO_2 soit une baisse de 24 %. Et ceci sans changement majeur dans le menu, simplement des choix plus éclairés.

5 Si je suis parent, que puis-je faire à mon échelle pour que la cantine de mon enfant réalise, elle aussi, de telles initiatives ?

Vous pouvez participer aux commissions « menu », en parler aux autres parents, écrire aux élus, et pourquoi pas vous organiser en collectif avec d'autres parents pour demander ces changements auprès de votre cantine.

6 Vous avez cofondé l'appli gratuite Etiquettable. Que peut-on y trouver et à quoi sert-elle ?

Etiquettable est la première appli mobile, gratuite et collaborative, qui donne à tous les bonnes infos pour s'alimenter autrement. Elle compte plus de 150 000 utilisateurs à son actif et est disponible en France, dans les DOM-TOM, au Québec, en Suisse, en Belgique et au Maroc.
Au menu : les calendriers de fruits et légumes de saison et locaux en fonction de votre région ; les espèces de poissons menacées et à préserver ; des infos et astuces en tous genres pour adopter une alimentation durable ; des recettes délicieuses concoctées par des chefs passionnés et choisies pour leur impact environnemental limité et leur équilibre nutritionnel ; les restos engagés près de chez soi (bio, local, végé/vegan, etc.) et les producteurs et points de vente responsables près de chez soi : fermes, marchés de producteurs locaux, magasins bio, vrac, supermarchés coopératifs, AMAP...

Etiquettable®

LISTE NOIRE DES ALIMENTS LES PLUS POLLUÉS

Très peu de plastiques dans ma cuisine, plus de poêles ni de casseroles aux revêtements nocifs dans mes placards, aucun produit ménager industriel dans ma maison... Un an après avoir décidé de changer mes habitudes, je ne pouvais pas faire mieux pour réduire l'exposition de mon alimentation à des substances potentiellement toxiques. À moins que... À moins que je sois passée à côté du plus évident. À moins que je me sois attachée à tout ce qui tournait en orbite autour de mon assiette, sans regarder en premier lieu ce qui était dedans. Qu'en était-il de nos aliments eux-mêmes ? Certains ne nécessitent-ils pas des quantités particulièrement hautes de pesticides pour être produits ? D'autres ne sont-ils pas exposés à la pollution de l'environnement dans lequel ils se trouvent ? D'autres encore ne subissent-ils pas des procédés de fabrication douteux pour notre santé ?

PESTICIDES : LES FRUITS ET LÉGUMES LES PLUS TOUCHÉS

À l'aide des données officielles des analyses de contrôle effectuées par la Direction générale de la concurrence, de la consommation et de la répression des fraudes (DGCCRF) entre 2012 et 2016, l'ONG Générations Futures a élaboré une liste des fruits et légumes non biologiques dans lesquels des résidus de pesticides ont été retrouvés le plus fréquemment[39]. Selon cette étude :

Les dix fruits les plus contaminés (pour lesquels on a retrouvé des résidus de pesticides dans plus de 77 % des échantillons analysés pour chaque type de fruit) sont :

Préférez-les donc biologiques !

Notons que les fruits **le moins fréquemment contaminés** sont les prunes, les kiwis et les avocats.

Les dix légumes les plus contaminés (on a retrouvé des résidus de pesticides pour plus de 51,5 % des échantillons de chaque type de légume testé) sont :

Préférez-les donc biologiques !

Au contraire, les légumes présentant **le moins de résidus mesurés** dans cette étude sont les asperges et le maïs.

Laver astucieusement ses fruits et légumes

Pour enlever une partie des résidus de pesticides présents à l'extérieur des fruits et légumes dont vous mangez la peau, brossez-les sous l'eau à l'aide d'une brosse destinée à cet usage. Vous pouvez aussi les faire tremper 10 minutes dans un mélange de bicarbonate et d'eau (à raison d'une cuillère à soupe pour un litre d'eau). Par mesure de sécurité, faites-le même lorsque vos denrées sont certifiées biologiques.

LES ALIMENTS LES PLUS CONTAMINÉS AUX PERTURBATEURS ENDOCRINIENS[40]

Qu'est-ce qu'un perturbateur endocrinien ? Rendez-vous page 36 pour le découvrir !

LES POISSONS GRANDS PRÉDATEURS

Les grands prédateurs, comme le mérou, le brochet, l'espadon ou encore le requin sont les poissons présentant le plus de contaminations aux métaux lourds, dont principalement le mercure. Au fil de la chaîne alimentaire, les contaminants contenus dans les proies se transmettent aux prédateurs, s'accumulant ainsi d'un poisson à l'autre. En bout de chaîne, ces grands poissons sont les plus contaminés. Leur consommation est donc dans l'idéal à supprimer totalement.

LES POISSONS MOYENS PRÉDATEURS

Légèrement moins touchés que les grands prédateurs, le thon et la daurade présentent tout de même de forts taux de métaux lourds. Leur consommation ne devrait donc pas dépasser un repas par semaine, et pour les femmes enceintes et enfants, devrait être nulle. Pour choisir vos poissons en fonction de leurs impacts environnementaux, rendez-vous page 77 !

LES POISSONS GRAS

Les polluants étant généralement stockés dans les graisses, les poissons gras présentent des taux de contamination particulièrement élevés. Il convient donc de limiter la consommation de ces poissons, tels que le saumon ou la truite, à une fois par semaine.

LES ABATS

Organes destinés à filtrer les polluants entrant dans l'organisme de l'animal, le foie, le gésier et les abats en général sont particulièrement contaminés. Évitez donc au maximum leur consommation (ils sont souvent présents dans les pâtés par exemple), surtout s'ils ne sont pas issus d'élevages certifiés biologiques.

Ménage au naturel : simple et économique

Souvent composés de substances dangereuses pour la santé (perturbateurs endocriniens cancérogènes, composants irritants ou allergisants pouvant favoriser voire déclencher de l'eczéma ou de l'asthme...), les produits ménagers industriels représentent une réelle source de pollution de notre intérieur. Ils peuvent par ailleurs être néfastes pour l'environnement (car bien souvent composés d'ingrédients non biodégradables, toxiques pour les milieux aquatiques, dérivés du pétrole, etc.).

Des solutions bien plus saines existent... mais gare au greenwashing* ! Une bouteille de couleur verte, des images de fruits ou de fleurs, des allégations vides de sens (comme « inspiré de la nature ») ne vous garantissent absolument rien. Attention également aux ingrédients naturels mis en avant (aloe vera, savon noir, savon de Marseille, etc.), car il ne s'agit souvent que de parfums de synthèse ! Lorsque le produit y est réellement présent, il y est fréquemment en infimes quantités, aux côtés d'ingrédients dangereux.

Orientez-vous donc plutôt vers les produits faits maison à base d'ingrédients simples, sains et bon marché, comme le vinaigre blanc ou le savon noir. Une solution bien plus écologique et économique. Pas de panique, vous n'avez pas besoin de dizaines d'ingrédients différents ni de recettes complexes. En témoignent ces quelques exemples :

- **Spray multisurface (plan de travail, robinetterie, table, etc.) :** 50 % d'eau + 50 % de vinaigre blanc + quelques gouttes d'huile essentielle biologique de citron (facultative : pour son odeur et ses propriétés antibactériennes). Le vinaigre d'alcool est naturellement antibactérien et anticalcaire.
- **Nettoyant sol :** ½ seau d'eau chaude + 2 cuillères à soupe de savon noir ménager biologique + quelques gouttes d'huile essentielle biologique de citron (facultative). Le savon noir, fabriqué à base d'huiles végétales et de potasse, est un excellent dégraissant naturel.
- **Liquide vaisselle :** savon noir ménager liquide biologique, à utiliser pur, directement sur l'éponge. Préférez le savon noir à base d'huile de lin, à l'odeur plus neutre que celui à base d'huile d'olive.
- **Anticalcaire :** pour détartrer vos objets du quotidien, laissez-les tremper une nuit dans du vinaigre blanc puis lavez.

Découvrez d'autres recettes simples et illustrées de produits ménagers sur mon blog Consommons Sainement.
À retrouver sur www.consommonssainement.com

* Marketing vert trompeur

LISTE VERTE DES ALIMENTS LES MOINS ÉMETTEURS DE CO_2

En 2016, trois chercheurs anglais et australiens ont publié dans le *Journal of Cleaner Production* une compilation de plus de 350 analyses d'aliments, permettant de calculer leur empreinte carbone*, de leur production à leur vente en passant par leur transformation et leur transport. Voici ci-dessous quelques exemples d'aliments courants et la quantité de CO_2 qu'ils produisent au cours de leur production, leur transformation et leur distribution (en kilogrammes de CO_2 par kilogramme d'aliment). Il s'agit de médianes mondiales, mais bien représentatives du bilan carbone des aliments achetés en France selon les auteurs de l'étude.

FAIBLES ÉMETTEURS DE CO_2

Pomme de terre	Carotte	Citrouille	Champignon	Pomme	Kiwi	Pois
0,18 kg	0,2 kg	0,25 kg	0,25 kg	0,29 kg	0,36 kg	0,38 kg

Haricots blancs	Maïs	Soja	Blé	Olive	Pois chiches
0,39 kg	0,47 kg	0,49 kg	0,52 kg	0,63 kg	0,77 kg

TRÈS FORTS ÉMETTEURS DE CO_2

Fromage	Sole	Agneau	Bœuf
8,55 kg	20,86 kg	25,58 kg	26,61 kg

Source : HuffingtonPost

Les restaurants labellisés « Bon pour le climat »

Depuis 2014, des chefs cuisiniers s'engagent à proposer des plats « bas carbone ». Les menus sont préparés en fonction de la saison, en privilégiant les plats sans viande et les aliments produits localement. Retrouvez-les grâce à ce label.

* C'est-à-dire la quantité d'émissions de gaz à effet de serre qu'ils génèrent.

© François Pasteau

Interview de **François Pasteau**, cofondateur de l'association Bon Pour Le Climat, président de l'association Ethic Ocean et chef du restaurant L'Épi Dupin à Paris

1 Vous avez cofondé l'association Bon pour le climat en 2014. Pouvez-vous nous en dire plus sur l'association et sa mission ?

En 2014, j'étais très engagé contre le gaspillage alimentaire et pour la pêche durable. Pour aller encore plus loin, j'ai cofondé cette association avec Jean-Luc Fessard, dans l'objectif de « décarboner nos assiettes ». Le but était de faire adhérer un maximum de professionnels de la restauration mais aussi des particuliers, en leur montrant qu'être écoresponsable et réduire son empreinte carbone n'est pas préjudiciable. C'est une question de bon sens, qui va même au-delà de la simple empreinte carbone car cela impacte positivement à la fois l'agriculture, le produit et les femmes et les hommes qui l'ont produit.

2 Quel rôle les cuisiniers et les restaurateurs peuvent-ils jouer pour un système alimentaire durable et responsable ?

En tant que cuisiniers, nous nous devons de faire attention à la façon dont nous nous approvisionnons, pour respecter au mieux les agriculteurs, éleveurs et pêcheurs mais également les océans et la terre. Mais nous avons aussi un rôle à jouer auprès des consommateurs, pour leur faire passer un message et les aider à faire des achats écoresponsables. C'est d'ailleurs ce que l'association que je préside, Ethic Ocean, encourage. Nous organisons, par exemple, chaque année le concours Olivier Roellinger, qui s'adresse aux élèves des écoles hôtelières et aux jeunes professionnels. Ils doivent y présenter un plat gastronomique et un plat grand public en expliquant leurs choix d'espèces de poissons et crustacés (basés notamment sur leurs critères de durabilité) et la façon dont ils agissent pour respecter les océans et cuisiner le plus écologiquement possible.

3 Comment votre engagement écoresponsable se traduit-il dans le menu et les pratiques de votre restaurant l'Épi Dupin ?

Sur la carte du restaurant, j'ai inversé les appellations : quand je construis mes assiettes, je commence toujours par les végétaux et je finis par les protéines animales. Cela interpelle d'ailleurs les consommateurs. Pour que la boucle soit bouclée, nous valorisons également les déchets alimentaires (qui sont compostés ou méthanisés), nous servons de l'eau du robinet microfiltrée et gazéifiée sur place pour éviter les bouteilles en plastique d'eau gazeuse, nous récupérons le marc de café, nous donnons nos bouchons de liège à une association qui leur donne une seconde vie, nous avons des équipements peu gourmands en énergie, nous sensibilisons nos équipes pour gaspiller moins d'eau en cuisine, etc. C'est une multitude de petits gestes anodins que mes parents m'ont appris quand j'étais petit, à l'époque non pas pour des raisons environnementales mais pour des raisons de bon sens et d'économie.

4 Au travers d'Ethic Ocean, de votre restaurant et de vos prises de parole dans les médias, vous vous adressez également au grand public. Pour vous, quel rôle le consommateur peut-il jouer pour faire bouger, lui aussi, les choses ?

Les consommateurs ont un rôle énorme à jouer, c'est certain. Mais pour moi, il ne s'agit pas de blâmer une génération parce qu'elle a beaucoup consommé et jeté. Cela s'explique : la guerre, la frustration, le manque de nourriture, tout cela suivi ensuite par l'opulence, la baisse des prix de la viande, etc. Aujourd'hui il y a une prise de conscience, avec de plus en plus de jeunes agriculteurs, éleveurs et pêcheurs engagés. Mais ce que j'aime toujours dire, c'est que le consommateur a lui aussi un pouvoir énorme, qu'on oublie souvent. Il ne s'agit pas d'attendre qu'un gouvernement soit écologique. Nous, consommateurs, pouvons tout à fait dire « Je ne veux plus de ce produit-là ». Et cela peut faire bouger les lignes. Comme cela a été le cas, par exemple, pour les œufs de poules en batteries. Pour autant, l'objectif n'est pas d'être parfait. Si par exemple vous pouvez cuisiner maison uniquement le week-end, ce n'est pas grave, c'est toujours cela de fait ! Chacun fait comme il peut et c'est cela qui permet de faire avancer les choses.

LABELS ENVIRONNEMENTAUX : S'Y RETROUVER ENFIN

La fabrication de nos biens de consommation est aujourd'hui une vraie boîte noire pour les consommateurs. Devant sa compote, difficile de s'imaginer les conditions de travail des employés ayant cultivé les pommes, les quantités de pesticides utilisées pour les faire pousser, les pratiques de transformation choisies, l'existence d'engagements particuliers du fabricant, ou même parfois sa simple provenance. Pas facile non plus, même en étant informés, de savoir choisir le produit le plus respectueux de l'environnement dans un rayon proposant des dizaines de marques différentes. C'est pour cette raison que les labels environnementaux ont été initialement conçus : pour guider le consommateur lors de ses choix en l'informant de façon simple et concise. Bien naïve étais-je lorsque je pensais que tout produit arborant un label, quel qu'il soit, était nécessairement plus responsable et de meilleure qualité. C'était sans compter sur les labels « bidon » relevant purement du marketing, les organismes certificateurs non indépendants ou encore les labels auto-attribués par les marques elles-mêmes. Certains se révèlent ainsi trompeurs, voire vides. Et le nombre grandissant de labels environnementaux sur le marché n'aide pas. Difficile de s'y retrouver et de séparer les labels sérieux des labels de pur marketing. Zoom sur les labels dignes de notre confiance.

QU'EST-CE QUI FAIT UN LABEL SÉRIEUX ?

Un label environnemental sérieux se qualifie par la présence d'un réel cahier des charges précis, c'est-à-dire une liste claire des critères que le fabricant doit respecter pour se voir attribuer le label. L'organisme certificateur – qui contrôle le respect des critères et délivre le label – doit, par ailleurs, être extérieur et indépendant. Cela a pour but d'éviter les conflits d'intérêts et les risques d'influence. On peut ainsi douter de la qualité d'un label que la marque (ou une de ses branches) a créé, puisqu'elle se l'attribue à elle-même ! Enfin, un label environnemental apporte de réelles garanties au consommateur lorsque ses critères s'attaquent aux impacts environnementaux les plus importants d'un produit. En effet, certains labels imposent des critères peu exigeants ou portant uniquement sur des impacts environnementaux moindres ou anecdotiques.

Un label environnemental, c'est-à-dire un label visant à réduire les impacts environnementaux de la production, de la distribution, voire de la fin de vie d'un produit, ne doit pas être confondu avec un label portant principalement sur la qualité notamment gustative d'un aliment (comme le Label Rouge) ou sur des risques sanitaires (comme le label OEKO-TEX, contrôlant seulement la présence de substances nocives pour la santé du consommateur dans les textiles et non, par exemple, les pesticides, l'énergie ou l'eau utilisés lors de leur fabrication). Certains labels concernent en revanche à la fois les risques environnementaux et sanitaires. C'est le cas du label de l'agriculture biologique, limitant voire interdisant l'usage de substances nocives à la fois pour l'environnement et la santé du consommateur, comme les pesticides de synthèse.

« AGRICULTURE BIOLOGIQUE », ÇA VEUT DIRE QUOI EXACTEMENT ?

Le mode de production (serres chauffées, utilisation de pesticides de synthèse, irrigation massive, type de traitement des déchets agricoles, monoculture néfaste à la biodiversité locale, etc.) est de loin l'étape de la vie d'un aliment qui a le plus d'impacts sur l'environnement. Cette étape est même nettement plus déterminante que la provenance d'un aliment ou même que son type d'emballage*. C'est à ces impacts environnementaux décisifs que s'attache le label de l'agriculture biologique.
Les critères imposés par le cahier des charges varient d'un type de produits à l'autre (fruits et légumes, viandes, poissons, produits dérivés d'animaux, produits transformés, etc.) pour s'adapter aux pratiques spécifiques de production et à leurs impacts.

« Certains labels relèvent du pur marketing car ils sont auto-attribués par les marques elles-mêmes. »

* Découvrez les impacts environnementaux de chaque étape de la vie de vos aliments page 63.

LE SAVIEZ-VOUS ?

La caféine des cafés décaféinés non biologiques est généralement extraite à l'aide de solvants chimiques, comme le chlorure de méthylène. Le label biologique interdit ce type de procédé. Une méthode utilisant simplement de la vapeur d'eau et du CO_2 est alors généralement employée.

Pour la production de fruits et légumes, le label de l'agriculture biologique interdit notamment l'usage de produits (pesticides, herbicides et engrais) de synthèse et d'OGM et favorise des pratiques alternatives, comme les engrais organiques d'origine naturelle tel le compost et la rotation des cultures (évitant naturellement un appauvrissement des sols). Les produits transformés (soupes, yaourts, biscuits, sauces, etc.) certifiés biologiques sont composés au minimum de 95 % d'ingrédients issus de l'agriculture biologique et sont par ailleurs soumis à l'interdiction de nombreux additifs alimentaires.

« Le bio, j'y crois pas ! »

Combien de fois ai-je entendu cela ! L'agriculture biologique n'est pas une croyance, mais fait référence à un cahier des charges précis, imposant des critères permettant de réduire des impacts environnementaux et sanitaires avérés ou potentiels. Le fait qu'il puisse être perçu comme une *tendance* n'enlève d'ailleurs en rien son efficacité.

CERTIFIÉ PAR FR-BIO-10
AGRICULTURE UE/NON-UE

CERTIFIÉ
AB
AGRICULTURE
BIOLOGIQUE

En France, il existe deux labels de l'agriculture biologique : le label européen (appelé « Eurofeuille ») et le label français (dit « AB »). Ils sont tous les deux équivalents et apportent les mêmes garanties. Un produit présentant le label français ne provient donc pas nécessairement de France.

FAQ SUR L'AGRICULTURE BIOLOGIQUE

« L'agriculture biologique n'est pas plus écologique car elle nécessite plus de surface, puisqu'elle est moins intensive »

Une culture se contentant des critères du label AB nécessiterait plus de surface qu'en agriculture conventionnelle pour produire la même quantité. En effet, seuls, les engrais organiques autorisés sont moins efficaces. En revanche, une agriculture allant plus loin et adoptant, en plus, les principes de la permaculture nécessite moins de surface qu'en conventionnel ! Ce type d'agriculture associe en effet sur un même terrain plusieurs cultures végétales, bénéficiant l'une de l'autre. Le basilic par exemple, protège des pucerons les plantes alentours par sa forte odeur. La vigne grimpante profite du soleil et protège ainsi les légumes amateurs d'ombre se trouvant à ses pieds. La permaculture, à la différence d'une monoculture, optimise également l'utilisation des sols, en cultivant côte à côte des végétaux poussant en terre (carottes, radis, par exemple), au ras du sol (salade, etc.) et en hauteur (tomates, kiwis, etc.). Seule limite : les céréales ne peuvent généralement pas être cultivées en permaculture*.

« Certains produits et légumes certifiés biologiques ne sont pas de saison et proviennent de l'autre bout de monde »

Le label de l'agriculture biologique n'impose, en effet, aucune restriction en termes de saisonnalité ou de transport. C'est là une de ses limites. Il existe d'ailleurs des produits biologiques discount, cultivés ou fabriqués de manière industrielle et à l'aide de pratiques sociales délétères (notamment pour les travailleurs des champs). C'est la différence entre « le » bio (produits respectant seulement les critères du label, sans engagements supplémentaires) et « la » bio (des cultures locales, de saison, parfois en permaculture, respectant la démarche et la philosophie initiale de l'agriculture biologique). Certaines grandes enseignes de magasins biologiques et supermarchés se contentent souvent du bio, en proposant des tomates en janvier, des concombres biologiques cultivés sous serres chauffées ou encore des kiwis de Nouvelle-Zélande. D'autres magasins, comme certaines boutiques indépendantes ou les magasins de

* La permaculture est tout à fait adaptée à un potager domestique ! De nombreux livres et blogs vous donnent tous les conseils dont vous avez besoin pour l'appliquer chez vous. Vous pourrez ainsi augmenter la productivité de votre jardin (ou même de votre terrasse !), tout en arrêtant d'utiliser des pesticides et engrais de synthèse.

la coopérative Biocoop, s'imposent un cahier des charges plus engagé et refusent de vendre en grandes quantités des produits non locaux, industriels ou hors saison. Acheter local et de saison y est d'ailleurs bien plus simple !

« En supermarchés, impossible de trouver des fruits et légumes biologiques sans emballage »

Je le déplore également chaque jour ! On se retrouve parfois devant le dilemme impossible : choisir un produit respectueux pour sa santé (un fruit cultivé sans pesticides de synthèse) ou un produit respectueux de l'environnement (sans déchet ou sans plastique). Dans le cas du biologique, le choix est toutefois simplifié. Les impacts environnementaux que permet d'éviter le label biologique lors de la culture du produit sont de loin supérieurs à ceux d'un emballage. Les fruits et légumes biologiques, même emballés, sont donc préférables à des équivalents non biologiques en vrac, à la fois pour l'environnement et pour sa santé. Si toutefois vous ne voulez plus vous retrouver devant un tel dilemme cornélien, préférez si vous le pouvez les magasins (ou marchés) biologiques, dans lesquels les produits sont bien moins emballés qu'en supermarchés.

« Un produit biologique n'apporte pas plus de nutriments ou de vitamines »

Exactement. Ce n'est d'ailleurs absolument pas l'objectif du label ! L'agriculture biologique vise à réduire les impacts environnementaux de la production d'un aliment et certains risques sanitaires pour le consommateur, notamment liés aux pesticides. Elle ne vise pas à rendre un produit particulièrement plus avantageux sur le plan nutritionnel.

« Le biologique coûte plus cher »

Oui, absolument ! Notamment parce que la culture selon les pratiques de l'agriculture biologique est souvent moins productive – elle nécessite donc plus de temps ou de main d'œuvre – et parce que les intrants naturels utilisés coûtent plus cher (compost, engrais végétaux, etc.). Comment alors pouvoir se permettre financièrement d'acheter principalement du biologique ? Tout simplement avec les économies que permettent de nombreuses astuces et actions écologiques de ce livre, comme les achats d'occasion, la consommation de protéines végétales (bien moins onéreuses que la viande), la réduction du gaspillage ou encore les produits ménagers maison.

LES LABELS ENVIRONNEMENTAUX PLUS EXIGEANTS ENCORE

NATURE ET PROGRÈS

NATURE & PROGRES

Ce label s'applique aux produits ayant obtenu le label de l'agriculture biologique et le complète en imposant d'autres critères :

• les ingrédients des produits transformés Nature & Progrès doivent être les plus locaux possibles et ne contenir aucune huile de palme, aucun colorant, parfum ou antioxydant de synthèse et aucun arôme artificiel[42].

• Le label limite aussi les risques de contamination du champ par des sources de pollution (centres industriels, autoroutes, etc.) et les emballages du produit (les matériaux non consignés ou difficilement recyclables et présentant des dangers potentiels pour la santé sont interdits par le label). Il interdit certains procédés de fabrication et transformation, comme les traitements ionisants (par UV par exemple).

• Ce label intervient même dans la gestion et l'entretien de l'usine, en imposant des produits d'entretien et ménagers naturels.

• Dans le cas de la viande, Nature & Progrès garantit que l'alimentation des animaux est certifiée biologique et provient au moins pour moitié de la ferme d'élevage. Il impose aux élevages de bœufs au moins 5 mois de pâture et un sevrage des veaux à 3 mois minimum[43]. Il interdit des pratiques augmentant le mal-être des animaux, comme les mutilations telles que l'écornage des bœufs et des moutons[44], les boxes individuels pour les veaux, les bâtiments sans accès au plein air pour les cochons[45], ou encore un espace trop restreint.

Vous pouvez retrouver ce label principalement en magasins biologiques, sur des fruits et légumes, du pain, du vin, de la viande, du miel, des œufs, des produits laitiers, du sel, des produits alimentaires transformés ou même des cosmétiques et produits d'entretien.

DEMETER

Tout comme Nature & Progrès, ce label s'applique aux produits certifiés biologiques et apporte d'autres garanties environnementales :

• il impose la saisonnalité des produits frais, afin d'éviter notamment la consommation d'énergie par des serres chauffées.

• Il limite les produits utilisés dans la culture agricole. Il interdit, par exemple, le fumier provenant d'élevages intensifs. Il bannit également certaines méthodes, comme la culture hors sol et impose des pratiques favorisant la biodiversité.

• Pour la viande, des pratiques sont mises en place pour limiter le mal-être des animaux, comme l'accès obligatoire à la pâture ou un parcours extérieur, les sols intérieurs recouverts de paille, l'élevage des veaux en groupes ou encore l'interdiction d'attacher les animaux toute l'année, d'écorner les bœufs, de couper le bec des poules ou d'élever des volailles en cages[46].

Les produits labellisés Demeter (fruits et légumes, viandes, vins, œufs, produits laitiers, thés, céréales, aliments pour bébé, miel ou même shampooings) se trouvent principalement en magasins biologiques.

BIO COHÉRENCE

Ce label s'applique aux produits alimentaires (fruits et légumes, viandes, œufs, produits laitiers, céréales...) certifiés agriculture biologique. Il y ajoute des critères renforçant les pratiques agricoles favorables à la biodiversité et garantissant de meilleures conditions sociales et rémunérations aux producteurs. Il apporte également des garanties sur la saisonnalité des produits frais et limite la distance parcourue entre le producteur et le consommateur (sans intermédiaire) à 80 km maximum.

Les produits certifiés Bio Cohérence restent tout de même relativement rares dans le commerce. Ce sont essentiellement les Biocoop qui les commercialisent. Vous pouvez consulter le réseau de producteurs et vendeurs de produits labellisés Bio Cohérence sur le site Internet http://www.biocoherence.fr/annuaire/

ET LE COMMERCE ÉQUITABLE ?

Bien que mal connu, le commerce équitable séduit de plus en plus de consommateurs. Ses ventes ont augmenté en France de 42,6 %[47] entre 2016 et 2017. Il est souvent perçu comme un commerce rémunérant mieux les producteurs des pays du Sud. En réalité, le commerce équitable est une démarche bien plus complète. Le distributeur et l'acheteur professionnel s'engagent à acheter ses matières premières à un prix juste* et à établir des achats sur plusieurs années avec le producteur, apportant à ce dernier de précieuses garanties financières. Le commerce équitable adopte également un volet environnemental. Bien que nettement moins exigeants que l'agriculture biologique sur ce point, les labels du commerce équitable favorisent en général des pratiques agricoles protégeant la biodiversité ou limitant les émissions de gaz à effet de serre. Enfin, la dimension sociale du commerce équitable est primordiale. Elle fixe des conditions de travail décentes, contribue à l'accès à l'éducation (notamment pour les enfants des travailleurs) ou encore améliore la gouvernance démocratique des organisations paysannes.

LE SAVIEZ-VOUS ?
Le commerce équitable ne concerne pas seulement les productions de pays du Sud. Il existe également du commerce équitable « made in France », aux critères sociaux et économiques adaptés au contexte français !

Il existe plusieurs labels pour le commerce équitable, dont Producteurs Paysans, AgriEthique France ou Max Havelaar, ce dernier étant le plus connu et le plus répandu, mais pas nécessairement le plus exigeant.

* Il n'existe actuellement pas de définition unique du « prix juste » dans le commerce équitable. Il peut consister en un prix du marché auquel on ajoute une marge. Il peut être aussi basé sur le prix du marché avec un prix minimum. Enfin, il peut s'agir d'un prix constant, indépendant du prix du marché, calculé sur les coûts de production (évitant la production à perte) ou sur un prix permettant au producteur de répondre au moins à ses besoins primaires. S'ajoute généralement au prix juste un préfinancement, c'est-à-dire un acompte versé à l'avance par l'acheteur, permettant au producteur une avance sur dépenses et ainsi une sécurité de sa trésorerie.

Certains labels garantissent que le produit est issu à la fois de l'agriculture biologique et du commerce équitable, comme c'est le cas de Fair for Life, Biopartenaire (pour les pays du Sud : Brésil, Uruguay, Colombie, Bénin, Ghana, etc.) et Bio Solidaire (pour les producteurs en France). Les magasins Biocoop ont également développé leur propre gamme de produits biologiques payés au « prix juste » aux producteurs (fonds de codéveloppement de l'agriculture biologique, engagement pluriannuel avec le producteur, prix encadrés afin d'éviter les variations brutales du prix du marché, etc.), appelée Ensemble.

Attention !

Les labels UTZ et Rainforest Alliance ne sont pas des labels de commerce équitable et apportent en réalité très peu de garanties sociales et environnementales !

Méfiez-vous de manière générale des labels « bidon » et des mentions creuses, comme « Saveur de l'année », « Élu produit de l'année », « Bleu-Blanc-Cœur » (visant la qualité seulement nutritionnelle des viandes et des produits laitiers, ce label n'impose qu'extrêmement peu de critères environnementaux, contrairement à ce qu'on peut penser), etc.

L'écolabel européen, LE label pour tous les produits !

Ce label public européen s'applique à de nombreux produits différents : essuie-tout, produits ménagers, cosmétiques, textiles, papiers, meubles et même ordinateurs et peintures. Ses critères – variant selon ces différents types de produits – sont toujours exigeants et apportent de réelles garanties environnementales. Un label fiable, unique pour tous ses produits du quotidien : facile à retenir !

LES BONNES PRATIQUES À ADOPTER POUR RÉDUIRE LES IMPACTS DE SES ALIMENTS

Niveau 1 : LES ACTIONS PRIORITAIRES ET ACCESSIBLES À TOUS

- ☐ Je réduis progressivement la viande que je mange et me fixe un objectif réaliste et qui me convient (un repas contenant de la viande deux fois par semaine, par exemple).
- ☐ Si je mange de la viande, j'en choisis de meilleure qualité, c'est-à-dire certifiée biologique et locale si j'en ai la possibilité.
- ☐ J'achète dès que je peux des aliments certifiés « agriculture biologique », surtout les poissons, les laitages et les fruits et légumes particulièrement contaminés aux pesticides (comme les fraises, pommes, abricots, laitues, pommes de terre, haricots, verts… voir la liste complète page 102).
- ☐ Je refuse les œufs de poules en cages, au sol ou en plein air et les choisis toujours biologiques.
- ☐ Je regarde la provenance de mes fruits et légumes et privilégie lorsque cela est possible ceux qui proviennent de pays voisins, ou mieux, de France.
- ☐ J'imprime un calendrier des fruits et légumes de saison, l'affiche sur mon réfrigérateur et conçois mes menus en fonction de la saisonnalité du mois.
- ☐ J'évite les produits alimentaires contenant de l'huile de palme.
- ☐ Pour ma santé, j'évite les grands poissons, les poissons gras et les gésiers, car souvent pollués.
- ☐ Je nettoie ma cuisine, mon frigo et mon four avec un mélange simple et efficace de vinaigre blanc et d'eau (voir les recettes faciles page 105).

Niveau 2 : LES ACTIONS POUR ALLER PLUS LOIN

- ☐ Je réduis progressivement le poisson que je mange et me fixe un objectif réaliste et qui me convient (un repas contenant du poisson une fois par semaine, par exemple).
- ☐ Si je mange du poisson, j'évite autant que possible les espèces en danger (voir lesquelles page 77).
- ☐ Je réduis progressivement les laitages et œufs que je mange et les remplace par d'autres sources de calcium, comme les produits à base de noisettes ou d'amandes ou des plats à base de choux, selon mes préférences.
- ☐ J'évite quand je le peux/veux les produits transformés aux ingrédients provenant de loin.
- ☐ J'évite le biologique discount et industriel, au profit du biologique plus responsable si les magasins de ma région en proposent.
- ☐ Si mon magasin en offre, je privilégie les produits ayant des labels environnementaux fiables (voir lesquels page 109) et/ou issus du commerce équitable.

Chapitre 3

LUTTER CONTRE LE GASPILLAGE

Des années après avoir enclenché une transition environnementale dans mon quotidien, être devenue une pro du (presque) zéro déchet, une adepte de la première heure d'une alimentation moins carnée et une experte du local, je continuais tout de même à jeter inutilement certains aliments. Mal conservés dans mes placards, oubliés au fond du réfrigérateur, décongelés trop tôt, achetés en trop grandes quantités... mon compost accueillait encore de nombreux aliments dont la destinée aurait dû être mon assiette. La réduction de mes déchets ne devait pas rester cantonnée aux plastiques et autres emballages mais aussi s'étendre aux déchets alimentaires évitables. La traduction anglaise de « zéro déchet », *zero waste*, incarne d'ailleurs parfaitement cette démarche. *Waste* désigne en effet à la fois « déchet » et « gaspillage ». Là encore, la prévention, plus que la valorisation (que je faisais ici en compostant), était bien plus intéressante pour l'environnement*. L'équipe *Zero Waste* de la mairie de San Francisco dans laquelle j'ai travaillé avait pour habitude de présenter le compostage parmi les dernières solutions au gaspillage alimentaire. Lorsque la prévention n'avait pu être mise en place (donc lorsqu'on disposait de trop d'aliments), la redistribution pour l'alimentation humaine (en transformant des pommes abîmées en compote par exemple) était la solution la plus efficace et la plus utile. La solution suivante était la transformation en alimentation animale (les propriétaires de poules préféreront toujours leur donner leurs épluchures de carottes, plutôt que de les voir partir en compost).

*Découvrez pourquoi le recyclage n'est pas LA solution page 27 !

S'ATTAQUER À L'ORIGINE DES DÉCHETS

Il était donc temps que je m'attaque dans mon quotidien à la prévention à la source des déchets alimentaires évitables que je produisais encore si souvent. Et les astuces anti-gaspillage à ma disposition ne se résumaient pas simplement à des recettes anecdotiques et inadaptées à mon quotidien, comme des gâteaux de peaux de bananes ou des teintures aux épluchures, aujourd'hui très en vogue sur Internet ! Non, je pouvais être plus efficace que cela. Je pouvais mieux conserver mes aliments, apprendre à anticiper mes repas, acheter dans les bonnes quantités ou encore octroyer une place à part entière à mes restes. Des habitudes faciles, que ma famille a d'ailleurs toujours adoptées.

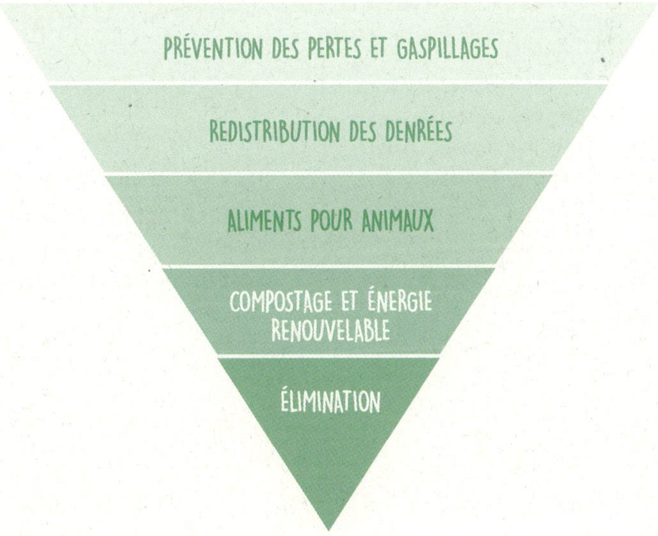

L'ART D'ACCOMMODER LES RESTES

LE SAVIEZ-VOUS ?
Un tiers de la production mondiale alimentaire n'est jamais consommée[1].

Pendant les étés de son adolescence, ma mère travaillait dans un centre équestre, où elle avait la tâche colossale de nourrir des dizaines d'enfants chaque jour. Lorsque les restes des jours précédents s'accumulaient, elle les combinait pour en faire un nouveau plat. Des restes de riz blanc, de poêlée de champignons et de petits pois devenaient ainsi une grande salade de riz colorée. Mais difficile de rendre enthousiastes les enfants devant un menu annonçant un « repas de restes ». La directrice du lieu avait donc trouvé la parade idéale : nommer « à la camarguaise » tout repas constitué de restes. Pourquoi ? Parce que l'image de chevaux camarguais galopant dans les marais faisait rêver les enfants du centre équestre ! La salade de restes devenait donc une « salade à la camarguaise », la soupe de restes de légumes une « soupe à la camarguaise » et les galettes à base de différentes purées des « galettes à la camarguaise ». Et ça marchait ! Quelques années plus tard, ma mère a gardé cette même astuce avec nous. Enfants, nous ne jetions jamais les restes et en faisions des salades, des poêlées, des soupes et des tartes… « à la camarguaise » ! À 22 ans, après m'être aperçu du gaspillage alimentaire que je générais sans même m'en rendre compte, il était temps pour moi de me remettre à la mode camarguaise.

EN PRATIQUE...

COURSES ZÉRO GASPILLAGE : LES 8 RÈGLES D'OR

Limiter la quantité d'aliments jetés chez soi n'est pas seulement une question environnementale, mais aussi tout simplement financière. En France, une personne jette en moyenne l'équivalent de 100 euros à la poubelle chaque année[2] ! Quantités achetées, dates limites de consommation ou encore produits imparfaits : la prévention de notre gaspillage à la maison commence lors des courses.

RÈGLE N°1 : PRÉVOIR LES REPAS DE LA SEMAINE

C'est la règle la plus efficace pour acheter astucieusement – et pourtant celle que j'ai le plus rechigné à mettre en place. Pourtant, elle s'est avérée bien plus facile et plaisante que ce à quoi je m'attendais. Établir la liste des plats à déguster pour la semaine permet de savoir ce dont on a besoin et quand on en a besoin. C'est-à-dire tout ce qu'il faut pour pouvoir acheter ses aliments dans les bonnes quantités et ne pas en oublier au fond du réfrigérateur. Vous aurez donc vos aliments pour le bon nombre de repas et dans les bonnes quantités. Plus de tomates en trop grandes quantités ou de légumes qu'on n'a pas eu le temps de manger ! Ainsi chaque samedi avant les courses, nous choisissons les repas qui nous font envie pour la semaine et élaborons notre liste de courses en fonction. Retrouvez plein d'astuces pour prévoir ses repas pages 54 à 56 !

RÈGLE N°2 : ÉVITER LES DOUBLONS

Envie d'une tarte à la tomate cette semaine ? Avant d'ajouter des tomates sur votre liste de courses, vérifiez que vous n'en avez plus. Cela évitera d'acheter certains aliments périssables en double et d'en voir se perdre la moitié. La bonne astuce facile : prenez une photo de l'intérieur de votre réfrigérateur avant de partir faire les courses. Vous pourrez ainsi savoir une fois dans le magasin ce qu'il vous reste à la maison !

RÈGLE N°3 : NE PAS FAIRE SES COURSES LE VENTRE VIDE

La faim chamboule souvent notre appréciation des quantités nécessaires. Un ventre vide aura donc tendance à nous pousser à acheter trop et à se laisser tenter par des aliments attractifs mais inutiles. Ne partez donc pas au marché ou dans vos boutiques alimentaires juste avant le déjeuner !

RÈGLE N°4 : NE PAS PRÉFÉRER LES DATES LONGUES SI CE N'EST PAS NÉCESSAIRE

Une fausse bonne idée anti-gaspillage consiste à toujours piocher ses yaourts, œufs ou encore fromage dans le fond du rayon pour choisir le paquet à la date de péremption la plus éloignée. Les dates courtes sont alors souvent délaissées et finissent par être considérées comme trop proches par le magasin pour être vendues. Ces produits terminent alors souvent leur vie dans les poubelles du magasin. Lorsque vous le pouvez, préférez donc les dates courtes. Les produits frais que vous cuisinerez dans la semaine à venir n'ont en effet pas besoin d'une date de péremption d'un mois.

LE SAVIEZ-VOUS ?
Un Français jette en moyenne 7 kg d'aliments encore emballés chaque année[3].

RÈGLE N°5 : PROFITEZ DES PROMOTIONS « DATES COURTES »

De plus en plus de supermarchés et de boutiques biologiques proposent des réductions de 20 ou 30 % sur le prix des produits frais à la date de péremption imminente. Une bonne façon de leur éviter d'être jetés par le magasin. Ces promotions sont généralement signalées sur les produits en question grâce à des autocollants jaunes, dans leur rayon habituel ou dans un rayon dédié aux promotions. Sur les marchés, des paniers de fruits et légumes mûrs sont souvent proposés à très bas prix, idéaux pour la soupe du soir.

LE SAVIEZ-VOUS ?
33 %[4] du gaspillage alimentaire se fait chez le consommateur. Le reste du gaspillage se fait à l'étape de production de l'aliment (32 %), puis de sa transformation (21 %) et enfin de sa distribution (14 %). Tous les acteurs de ces étapes (producteurs, magasins, consommateurs...) ont un rôle à jouer pour limiter leur gaspillage alimentaire.

RÈGLE N°6 : DÉGUSTER LES PLATS À EMPORTER DES APPLIS ANTI-GASPILLAGE

Des applis smartphones comme Too Good To Go proposent aux restaurateurs, boulangeries et même supérettes d'y vendre à petits prix leurs invendus de la journée, plutôt que de les jeter. Chaque soir, les commerçants participants indiquent à l'appli le nombre de repas qu'il leur reste. Vous pouvez donc en réserver un et le régler directement sur l'appli puis aller le chercher dans la boutique. Un bon moyen d'avoir un repas sushis à 4 €, un assortiment de pâtisseries à 6 € ou encore un menu entrée-plat-dessert à emporter à 5 € !

L'astuce anti-gaspi et solidaire

Une partie des denrées alimentaires que vous avez récupérées pour quelques euros sur l'appli Too Good To Go ne vous plaît pas ? Ne la jetez pas ! Donnez-la à un proche ou, si vous habitez en ville, à une personne sans abri, qui en aura probablement grand besoin.

RÈGLE N°7 : NE PAS BOUDER LES FRUITS ET LÉGUMES IMPARFAITS

Une tomate pas tout à fait ronde, un concombre tordu, un melon trop petit, un kiwi difforme... Nous avons souvent tendance à les bouder, au profit des fruits et légumes esthétiquement parfaits. C'est cette préférence des consommateurs qui pousse les fabricants et distributeurs à jeter les denrées qui ne correspondent pas à leurs calibres établis de couleurs, tailles ou encore formes. Pourtant, rien ne diffère, ni leur saveur, ni leur texture, encore moins leur apport en nutriments. En les choisissant dans votre rayon, essayez donc de ne pas les discriminer selon leur apparence !
Les boutiques biologiques proposent en général des fruits et légumes triés de manière moins stricte que dans la grande distribution. Certaines marques et initiatives se spécialisent même dans la vente à bas prix de « fruits et légumes moches », comme la marque Les Gueules cassées qu'on peut trouver en supermarché ou la boutique Curiosités à Paris.

RÈGLE N°8 : SE MÉFIER DES LOTS PROMOTIONNELS DE PRODUITS FRAIS

« 3 fromages pour le prix de 2 », « 1 sachet de 500 g de tomates acheté, le deuxième offert », « - 30 % sur le 4e pot de sauce »... Bien tentantes sont les promotions alléchantes des supermarchés ! Mais attention aux trop grandes quantités achetées s'il s'agit de denrées rapidement périssables, comme les fruits et légumes, la viande, le poisson, les laitages, etc.

© C. Jamet

Vincent Brassart, fondateur de l'association française La Tablée des Chefs France

1 Vous avez créé en 2013 La Tablée des Chefs France. Pouvez-vous nous en dire plus sur cette association ?

Pendant longtemps dans ma vie professionnelle, j'ai été témoin du gaspillage alimentaire massif dans le domaine de l'événementiel et de la restauration. J'étais révolté. J'ai donc décidé de faire quelque chose contre cela. J'ai alors découvert l'association québécoise La Tablée des Chefs. Elle joue le rôle de facilitateur entre les restaurateurs ayant des surplus et les associations caritatives pouvant en bénéficier. Mais elle va surtout plus loin. Elle sensibilise des chefs à la réduction du gaspillage, mais également des jeunes, les futures générations de consommateurs, afin de traiter le problème à la source. J'ai donc eu envie de faire la même chose en France, en créant la version française de La Tablée des Chefs.

2 Aujourd'hui, un tiers des aliments produits dans le monde chaque année ne sont pas consommés (selon la FAO). Pour vous, qui avez vu de si près ce gaspillage à différents échelons, comment explique-t-on un tel constat ?

Le marketing ! Les consommateurs sont habitués à n'acheter que des fruits et légumes d'un certain calibre, couleur, forme, etc., ce qui donne lieu à beaucoup de gaspillage à la production, à la distribution, chez le consommateur, etc. Il y a aussi le problème des dates limites de consommation aberrantes. Je pense notamment au scandale aux dates limites de certains yaourts qui étaient plus longues pour un produit qui partait en Martinique que pour le même produit vendu en France métropolitaine.
À l'échelle des distributeurs, le marketing produit également beaucoup de gaspillage. Une boutique de sandwichs va par exemple souvent considérer qu'une vitrine remplie est plus attirante, même en fin de service à 14 heures. On remplit donc, quitte à jeter par la suite. Bref, pour réduire le gaspillage alimentaire à la source, il faut casser ces codes marketing.

❸ Votre association s'engage à la fois dans la sphère environnementale (par la lutte contre le gaspillage alimentaire) et la sphère sociale (l'aide alimentaire aux familles dans le besoin). En quoi les deux engagements sont-ils liés ?

Pour moi le lien est évident. Cette année, l'association a organisé plus de 300 ateliers culinaires dans des collèges de zones prioritaires et des foyers de jeunes. Il s'agit de sensibiliser des jeunes de milieux moins favorisés, vivant parfois en plein désert alimentaire et habitués à la malbouffe. Par des ateliers pratiques, on leur apprend à redonner de la valeur aux produits, à avoir un rapport différent à l'alimentation, à connaître des produits qu'ils n'ont parfois jamais vus ou goûtés (je pense notamment à un atelier pendant lequel nous avions cuisiné et dégusté du maquereau avec des enfants ne connaissant le poisson que sous forme de bâtonnets panés surgelés... et ils avaient adoré !), à mieux gérer leur frigo, à cuisiner maison... et donc *in fine* à manger mieux et à gaspiller moins.

Retrouvez les événements, les activités et les chefs engagés de La Tablée des Chefs France sur son site internet : www.tableedeschefs.fr

La Tablée des Chefs

Découvrez également l'interview de Guillaume Gomez, chef cuisinier du Palais de l'Elysée et parrain de l'association, page 134 !

EN PRATIQUE...

COMMENT CONSERVER ET PRÉPARER POUR NE RIEN JETER

CONGELEZ !

Votre congélateur est votre nouveau meilleur ami pour ne plus jeter vos aliments ! En prévention du gaspillage, vous pouvez l'utiliser pour anticiper la conservation d'un aliment acheté ou cuisiné en trop grande quantité. Si vous achetez du pain frais mais n'en mangez que quelques tranches par semaine, ne laissez pas se perdre le reste, congelez-le dès votre achat ! Utilisez la même astuce pour un reste de vin. Congelez-le dans des bacs à glaçons : vous aurez ainsi de parfaites petites portions de vin à utiliser dans vos ragoûts, plats mijotés, paellas, etc. Enfin, votre congélateur est un grand allié pour vos restes ou vos fruits et légumes mûrs que vous n'auriez pas le temps de cuisiner avant qu'ils ne perdent trop de leur fraîcheur.

LE SAVIEZ-VOUS ?
La congélation ne tue pas les bactéries, elle les met seulement en sommeil. Il ne s'agit donc pas d'une technique de stérilisation.

FRUITS ET LÉGUMES : ÉVITEZ CERTAINS COMBOS PERDANTS

L'éthylène, un gaz naturellement émis par la majorité des fruits et légumes, cause leur maturation. Les brocolis, la laitue, les carottes, les pommes, les bananes, les tomates, les poires, les avocats et les abricots par exemple, y sont très sensibles. Si vous souhaitez les faire mûrir plus rapidement, enfermez donc votre fruit dans un sac papier, où il baignera dans son éthylène, ce qui le fera mûrir en moins d'un jour ! Au contraire, pour éviter le mûrissement trop rapide de vos fruits et légumes fraîchement achetés, évitez de stocker un fruit sensible à l'éthylène avec un autre en produisant beaucoup (voir exemples ci-contre).
Notons toutefois que certains fruits sont insensibles à l'éthylène, comme les oranges, les fraises, le raisin, les cerises ou encore les ananas, car ils ne continuent pas de mûrir après leur cueillette. Achetez-les donc mûrs à point et dégustez-les rapidement, avant qu'ils ne se détériorent.

LES COMBOS À ÉVITER POUR UN STOCKAGE DE LONGUE DURÉE

(LISTE NON EXHAUSTIVE)

(tous deux à conserver (séparément) à l'abri de la lumière)

LES COMBOS QU'ON PEUT FAIRE, SANS EFFET ACCÉLÉRATEUR DE MÛRISSEMENT

(LISTE NON EXHAUSTIVE)

DATES DE PÉREMPTION : APPRENEZ LEURS RÉELLES SIGNIFICATIONS

Les dates limites de consommation sont partout : sur vos bocaux de tomates, vos pots de yaourts, vos boîtes d'œufs, vos bouteilles de jus... Elles nous sont pourtant encore bien souvent mystérieuses. Comment sont-elles déterminées ? Faut-il réellement les suivre à la lettre ? Que signifient-elles vraiment ?

LE SAVIEZ-VOUS ?

Les DLC sont établies par les fabricants. Pour se prémunir de tout risque de poursuite en cas de problème, certains les raccourcissent volontairement. Dans ce cas, la date limite indiquée sur l'emballage est donc bien antérieure à la réelle date calculée de dégradation du produit.

YAOURT NATURE : PEUT SE CONSOMMER JUSQU'À 3 SEMAINES APRÈS LA DLC (À CONDITION D'AVOIR RESPECTÉ LA CHAÎNE DU FROID)[5].

ŒUF : PEUT SE CONSOMMER 2 À 3 SEMAINES APRÈS LA DDM S'IL EST BIEN CUIT (ŒUF DUR, ŒUF MIMOSA, DANS UN GÂTEAU...)

Date de limite de consommation (DLC) : « à consommer jusqu'au » ou « à consommer avant le ». Cette date limite est apposée sur l'emballage des produits frais et périssables, comme la viande, le poisson, les jus frais, les yaourts, les plats cuisinés, etc. Elle doit indiquer la date théorique à partir de laquelle le développement microbien du produit devient trop important pour que ce dernier soit consommé sans danger. Pour autant, pas de quoi jeter un aliment dès que sa DLC est dépassée sans même l'ouvrir ! Certains produits très sensibles comme les viandes et poissons - surtout crus - peuvent être dangereux à consommer tardivement. Il convient donc de respecter les DLC de ces aliments. En revanche, les yaourts, compotes, jus, fromages, etc. peuvent très souvent être consommés sans risques quelques jours, voire semaines, après leur DLC. Mais comment savoir ? Faites confiance à votre nez ! Un aliment « passé » se repère très vite à l'odorat. Ouvrez donc votre produit et sentez-le. Un doute ? Goûtez-en un petit morceau. Si malgré cela vous avez encore un doute, appliquez toujours le principe de précaution et jetez le produit.

Date de durabilité maximale (DDM, anciennement appelée DLUO pour date limite d'utilisation optimale) : « à consommer de préférence avant ». Cette date est à distinguer de la DLC, car elle revêt une signification bien différente. Elle concerne les produits stables et non frais, comme le riz, les lentilles, les épices, le thé, les huiles, le couscous, le sucre, le lait UHT, etc. Elle n'indique pas qu'une fois dépassée, le produit présente des risques pour la santé, mais simplement que sa couleur, sa texture ou ses propriétés nutritionnelles peuvent s'altérer. Ne jetez donc plus vos produits à la DDM dépassée !

« MON ŒUF EST-IL ENCORE BON ? » : L'ASTUCE DE GRAND-MÈRE

RESTES : NE LES JETEZ PLUS

C'est peut-être l'action anti-gaspi la plus connue et transmise de génération en génération : « Chez nous, nous ne jetons jamais les restes » ! Encore parfaitement consommables (et délicieux), les restes des repas précédents ne trouvent pourtant pas grâce à tous les yeux, souvent par manque d'idées de préparation. Voici donc 5 idées pour faire renaître vos restes.

DÎNER « RESTES » : SIMPLE ET EFFICACE

Les restes de plusieurs repas s'accumulent dans votre réfrigérateur ? Faites-en un dîner « restes ». Réchauffez-les et servez-les dans de petits plats. Chacun pioche dans le plat qui lui plaît. De quoi ravir les enfants !

BURRITOS PRATIQUES OU VERRINES ÉLÉGANTES ?

Si vos restes se marient bien ensemble, combinez-les dans un burrito, une tortilla ou une verrine.

Pour élaborer par exemple un burrito haricots-champignons en quelques secondes, enveloppez dans un burrito de blé un reste de poêlée de champignons, un reste de plats mijoté aux haricots rouges, un peu de salade et quelques petits dés d'oignons rouges, puis faites griller quelques minutes le burrito fermé dans une poêle. Pour une entrée fraîche, élaborez une verrine en disposant, sous forme de couches successives dans un verre, un reste de pommes de terre froides aux herbes coupées en petits cubes, un reste de sauce au yaourt puis une tomate coupée en cubes.

MON ASTUCE FACILE

Le thé peut être infusé deux à trois fois sans perdre ses saveurs. Une astuce facile et économique pour moins gaspiller !

HACHIS PARMENTIER ACCOMODÉ

Si vous avez un reste de poisson, de viande ou de poêlée de légumes, disposez-le dans un plat allant au four. Si votre poisson ou votre viande est sec, ajoutez-y quelques rondelles de légumes, qui l'hydrateront à la cuisson. Recouvrez d'une couche de purée de pomme de terre, de chapelure et d'un filet d'huile d'olive. Passez au four 25 minutes à thermostat 180 °C puis servez chaud.

LE SAVIEZ-VOUS ?

En moyenne, un Français jette l'équivalent d'un repas… chaque semaine[6].

GALETTES CROQUANTES « À LA CAMARGUAISE »

Transformez vos restes de purées (de pommes de terre, de carottes, etc.) ou même de légumes crus râpés (carottes, courgettes, etc.) en galettes grillées, en ajoutant à une tasse de purée ou de légumes crus, un œuf et deux cuillères à soupe de farine. Les proportions sont à adapter en fonction de la consistance de la purée. Vous devez obtenir une pâte plus épaisse qu'une pâte à crêpes. Assaisonnez. Dans une poêle en inox chaude et huilée, versez une cuillère à soupe du mélange pour former une galette. Faites de même jusqu'à épuisement de la préparation. Faites griller les deux faces des galettes jusqu'à ce qu'elles soient dorées. Servez-les dans un hamburger ou simplement sur un lit de salade.

© Laurent Blevennec
Présidence de la République

Interview de **Guillaume Gomez**, chef des cuisines du Palais de l'Elysée, meilleur ouvrier de France et parrain de l'association française La Tablée des Chefs France*

1 Comment avez-vous commencé à vous intéresser aux enjeux environnementaux de nos assiettes ?

Ça fait partie intégrante de mon travail, en tant que chef. J'ai été sensibilisé à cela depuis toujours. Beaucoup de chefs et d'associations porte-parole de cette démarche nous alertent depuis longtemps sur des thématiques comme le bien-être animal, la surpêche, etc. Pour moi, c'est une question de bon sens qu'on a perdu. Il y a 50 ans, on n'avait pas besoin de se poser la question d'acheter ou non des tomates en février. On les cultivait soi-même ou on les achetait au producteur du coin. Aujourd'hui, il y a quand même une réelle prise de conscience globale. C'est le cas des consommateurs, notamment suite aux nombreux scandales dans l'agroalimentaire. C'est aussi le cas des producteurs. Personnellement, j'ai rencontré des agriculteurs qui se sont aperçu un jour qu'ils n'avaient pas choisi ce métier pour avoir en fin de compte un tel rapport à la terre. Ils sont donc revenus à une agriculture raisonnée, variée et respectueuse des terres.

2 Pour vous, qu'est-ce qu'une alimentation durable ?

Pour moi, la saisonnalité est le point de départ de tout. Il ne peut pas y avoir de cuisine durable avec des produits hors saison. Ensuite, il s'agit de bon sens en ne choisissant pas des fruits et légumes qui ont parcouru 25 000 km. Pour moi, la cuisine doit ressembler à celui qui l'a faite. C'est une cuisine de terroir et de territoire. On ne doit pas manger la même chose à Paris, New York, Milan ou Rome. C'est ce qui fait la richesse de nos savoir-faire. Un autre aspect majeur est aussi le bien-être animal. Les transformateurs que nous sommes, nous chefs, ne pouvons pas dire que nous ne savions pas ! Même si on n'a jamais mis les pieds dans un abattoir ou un élevage intensif, de nombreux lanceurs d'alerte montrent ce qu'il s'y passe. Il s'agit de consommer de tout, mais de consommer mieux, avec du respect pour les animaux dans les élevages. Certains producteurs le font déjà, mais se retrouvent malheureusement face à la concurrence déloyale des élevages intensifs.

*Découvrez-en davantage sur La Tablée des Chefs France et ses activités dans l'interview de son fondateur, Vincent Brassart, page 126 !

3 Une alimentation durable est parfois perçue comme fade et source de frustrations. Est-ce vraiment le cas pour vous ?

Non ! Bien évidemment, une cuisine responsable n'est pas synonyme d'une cuisine qui n'a pas de goût ! Il est tout de même vrai qu'une carotte cultivée localement n'a pas nécessairement un meilleur goût parce qu'elle est locale. L'important est qu'elle soit bien cultivée. C'est pour cela que la clé pour nous, cuisiniers, pâtissiers, charcutiers, etc, est de s'appuyer sur de bons producteurs.

4 Vous êtes notamment parrain et porte-parole de La Tablée des Chefs France. Pouvez-vous nous en dire plus sur votre rôle au sein de l'association ?

Au-delà de mon rôle de porte-parole de l'association, je participe à ses activités. J'ai notamment accueilli en stage à l'Elysée des jeunes de foyers sociaux. L'objectif était de leur montrer ce qu'est notre métier. Peu importe son parcours, peu importe d'où on vient, peu importe ce qu'on a fait, la cuisine est pour moi le dernier ascenseur social qui fonctionne encore. À partir du moment où un jeune le veut, y met de la motivation et s'y investit réellement, c'est le métier qui l'emmènera là où il veut aller : avoir son restaurant, être chef, voyager, être cuisinier sur un bateau, avoir son food truck... Ce tremplin est une chance extraordinaire que leur offre l'association. Et tous les jeunes que j'ai rencontrés à La Tablée des Chefs en France et au Canada sont conscients de cette chance ! Pour moi, la cuisine de demain sera forcément sociale, sociétale et environnementale. C'est ce que les consommateurs attendent. Mais aujourd'hui, qu'est-ce qui fait que ça n'avance pas plus vite ? C'est aux industriels de prendre le pas, c'est eux qui ont le pouvoir de réellement changer les choses. Aujourd'hui les solutions existent déjà, c'est à nous, cuisiniers, de les mettre en avant et de les mettre en pratique.

5 Qu'est-ce qui freine la transition environnementale de notre système alimentaire alors ?

Le problème, c'est qu'aujourd'hui, des producteurs et agriculteurs ne gagnent pas correctement leur vie et donc ne peuvent pas faire correctement leur métier comme ils aimeraient le faire. Il faut réussir à tirer la qualité des produits vers le haut, pour que le consommateur accepte de payer un peu plus cher, ce qui permet au producteur de mieux vivre de son travail. Mais les nombreux scandales de l'agroalimentaire sont liés à un seul problème : l'argent. Si des tomates du Maroc sont vendues en France, ce n'est pas pour leur qualité, c'est simplement parce qu'elles sont moins chères que celles cultivées en France.

MON DICTIONNAIRE DES ASTUCES ANTI-GASPI DU QUOTIDIEN

Noyaux de fruits, marc de café, restes de pain dur, il y a bien meilleure destination que le compost ou la poubelle pour de nombreux restes d'aliments du quotidien. De A à Z, trouvez toutes les inspirations pour donner une deuxième vie à vos restes et vos déchets.

A

AGRUMES (ÉPLUCHURES)

PRODUIT MÉNAGER

Profitez des propriétés naturellement antibactériennes des agrumes pour en faire un spray nettoyant multisurface. Pour cela, remplissez un grand bocal de morceaux de peaux d'agrumes, puis recouvrez-les toutes de vinaigre blanc. Fermez le bocal et laissez fermenter 2 à 3 semaines. Passez le vinaigre fermenté dans un chinois pour enlever tout morceau pouvant obturer le bouchon du spray. Remplissez la moitié d'une bouteille du spray avec le vinaigre filtré puis complétez l'autre moitié avec de l'eau. Ce produit ménager se conserve plusieurs mois et s'utilise partout : sur les plans de travail, la robinetterie, les éviers et lavabos, l'extérieur, etc.

TISANE, THÉ OU EAU PARFUMÉE

Si votre agrume est certifié biologique, coupez sa peau en petits cubes et ajoutez-les à vos thés ou tisanes pour leur apporter une saveur citronnée ou orangée. Vous pouvez également en mettre quelques-uns dans votre carafe d'eau. Ils la parfumeront subtilement au fil des heures. Une bonne idée pour obtenir une boisson rafraîchissante en été. Veillez toujours à bien brosser le fruit sous l'eau avant d'en consommer la peau, même s'il est biologique.

ZESTES

Si votre agrume est certifié biologique, vous pouvez en râper la peau et ainsi utiliser ces zestes dans vos gâteaux, biscuits, sauces... Veillez toujours à bien brosser le fruit sous l'eau avant d'en consommer la peau, même s'il est biologique. Si vous en avez trop ou n'en avez pas une utilité immédiate, congelez-les dans un petit bocal, ils vous seront utiles en temps voulu.

AVOCAT (NOIRCI/FILANDREUX)

MASQUE NOURRISSANT POUR LE VISAGE

L'avocat, grâce à sa haute teneur en acides gras, nourrit et répare naturellement la peau. Écrasez l'avocat à la fourchette jusqu'à obtenir une pâte onctueuse. Utilisez cette pâte comme masque à appliquer sur un visage propre et sec pendant 15 minutes.

MASQUE RÉPARATEUR POUR LES CHEVEUX

Utilisez la même recette que pour le masque pour le visage. Appliquez la pâte d'avocat sur vos longueurs de cheveux et laissez poser une heure minimum dans une serviette nouée sur la tête. Une astuce parfaite pour un dimanche pluvieux !

AVOCAT (NOYAUX)

PLANTES EXOTIQUES D'INTÉRIEUR

Récupérez le noyau de vos avocats pour faire pousser de petits avocatiers ! Pour cela, nettoyez bien votre noyau. Placez-le, pointe vers le haut, dans un petit verre étroit à alcool fort (type shooter) rempli à moitié d'eau. L'objectif est d'immerger dans l'eau la moitié basse du noyau, d'où sortiront les racines, et de laisser à l'air libre la partie haute, d'où sortiront la tige et les feuilles. Placez le verre dans un endroit chaud et recevant beaucoup de lumière du soleil, comme sur un rebord de fenêtre. Changez l'eau tous les 2 ou 3 jours. La germination apparaîtra après plusieurs semaines. Une fois que la tige atteint environ 10 cm de hauteur, replantez l'avocatier dans un pot rempli de terre. Enrichissez cette dernière à l'aide de compost, de marc de café (voir page 143) ou de coquilles d'œufs (voir page 144). Vous obtiendrez ainsi une plante d'intérieur gratuitement ! Ne vous attendez toutefois pas à obtenir des fruits, car un avocatier n'en donne qu'après de nombreuses années.

Les déchets des uns font le trésor des autres

C'est le principe de l'économie symbiotique, qui permet d'éviter le gaspillage de ressources grâce à la collaboration entre acteurs économiques (entre entreprises principalement). La Brasserie de l'Être à Paris incarne parfaitement ce principe. La fabrication de bière donne naissance à la drêche, le résidu solide des céréales utilisées, habituellement jeté ou, au mieux, envoyé en compost, méthanisation* ou nourriture pour des élevages de cochons. Pourtant, la drêche est tout à fait comestible. La collaboration entre la Brasserie de l'Être et la petite entreprise Crackers Résurrection permet par exemple à la drêche de cette brasserie d'être la base des biscuits d'apéritifs !

* Comme le compost, la méthanisation est une façon de valoriser des déchets organiques à l'échelle industrielle. Ces derniers sont fermentés dans d'immenses citernes, formant ainsi naturellement du méthane, un biogaz ensuite utilisé notamment pour le chauffage de logement ou comme carburant pour des bus de ville.

B

BISCOTTES MOLLES

CHAPELURE À TOUT FAIRE

Passez quelques secondes vos biscottes molles dans un mixeur puis servez-vous-en comme chapelure pour vos panures ou gratins.

BISCOTTES CROQUANTES

Redonnez à vos biscottes leur croquant en les passant tout simplement au grille-pain ou au four.

BANANES (ABÎMÉES/TROP MÛRES)

BANANA BREAD

Dans un saladier, écrasez 4 bananes très mûres ou abîmées, puis ajoutez le jus d'un demi-citron, 70 g de sucre (quantité à adapter selon les préférences) et 50 g d'huile végétale au goût neutre (tournesol ou pépins de raisin, par exemple). Mélangez puis ajoutez 150 g de farine, une cuillère à café rase de bicarbonate de soude alimentaire et une cuillère à café de cannelle en poudre. Mélangez de nouveau et ajoutez une à deux poignées de pépites de chocolat et/ou de noix. Enfournez dans un moule à cake huilé à 180 °C pendant 35 minutes environ.

GLACE MAISON EXPRESS

Congelez vos bananes sans leur peau et en morceaux. Au moment du dessert ou du goûter, sortez-les du congélateur et mixez-les immédiatement dans un blender puissant (au moins 1 000 W pour un rendu bien crémeux et lisse). Remuez de temps en temps. Au bout de quelques minutes, vous obtiendrez une glace onctueuse. Aromatisez-la selon vos goûts, en ajoutant par exemple de la poudre de cacao et des pépites de chocolat, du beurre de cacahuète, des fruits rouges, etc. Aucun ajout de sucre n'est généralement nécessaire car vous profiterez des sucres naturellement présents dans la banane. Notez que le goût de banane est très peu prononcé lorsqu'elles sont congelées et mélangées à un ingrédient au goût fort, comme le beurre de cacahuète.

SMOOTHIE FACILE

Les bananes, même très mûres, sont une base parfaite pour un smoothie onctueux. Mixez-les donc avec d'autres fruits de votre choix (fruits rouges, pêches, kiwis...). Les smoothies les plus simples, composés de deux ou trois ingrédients, sont souvent les meilleurs. Un snack idéal pour faire le plein de fruits, parfait pour les enfants (ou adultes !) peu amateurs de fruits en morceaux.

MASQUE ADOUCISSANT POUR LE VISAGE

La banane contient naturellement un fort taux d'amidon, qui aide la peau à retrouver son aspect lisse et sa douceur. Ne jetez donc pas ce trésor de beauté, faites-en un masque ! Écrasez à la fourchette ¼ de banane dans un bol, jusqu'à obtenir une pâte crémeuse et homogène. C'est tout ! Appliquez le mélange 15 minutes sur une peau propre et sèche, puis rincez à l'eau.

C

CAROTTES (FANES)

Des traces de pesticides sont présentes sur les fanes des légumes de l'agriculture conventionnelle. Ne consommez des fanes que lorsqu'elles sont issues de l'agriculture certifiée biologique !

SOUPE DE FANES

Faites cuire à la vapeur deux pommes de terre, une botte de fanes de carottes, une carotte, une gousse d'ail et deux oignons. Puis mixez-les avec 20 cl de crème de soja, quelques pincées de coriandre en poudre, deux cuillères à soupe d'huile d'olive, une poignée d'herbes fraîches aromatiques (coriandre et ciboulette), du sel et du poivre.

GASPACHO VERT

Dans un mixeur ou un blender, mixez une courgette, un concombre, une poignée de fanes de carottes (retirez au préalable les tiges les plus épaisses), un poivron vert, 3 cuillères à soupe d'huile d'olive, 20 cl de crème liquide de soja, quelques branches de coriandre et de ciboulette fraîches, une demi-gousse d'ail, quelques pincées de coriandre en poudre, de sel et de poivre. À servir bien froid.

POMMES DE TERRE SAUTÉES AUX HERBES

Juste avant de servir vos pommes de terre sautées, saupoudrez-y quelques fanes de carottes et herbes aromatiques finement ciselées.

CERISES (NOYAUX)

BOUILLOTTE SÈCHE MAISON

Récupérez et lavez soigneusement vos noyaux de cerises. Faites-les sécher au soleil ou dans un endroit chaud et sec plusieurs jours. Récupérez ou cousez un sachet en tissu 100 % coton (afin d'être résistant à la chaleur) d'environ 20 cm sur 30 cm. Remplissez-le de noyaux de cerises et cousez le dernier côté du sachet pour le fermer entièrement. Vous avez ainsi fabriqué votre bouillotte sèche, à faire chauffer 1 à 2 minutes dans un micro-ondes ou 10 minutes dans un four à 100 °C. Si vous n'avez pas de noyaux de cerises, vous pouvez remplir le sachet de grains de riz ou de lentilles ou encore de graines de lin.

E

EAU DE CUISSON

PRODUIT MÉNAGER POUR CANALISATIONS

L'eau bouillante permet de faire fondre les graisses accumulées dans les canalisations de cuisine et de salle de bains. Il s'agit donc d'une astuce maison extrêmement efficace pour déboucher une évacuation. Elle peut également être utilisée en prévention de tout bouchon. N'attendez pas que l'eau de cuisson de vos pâtes, riz ou pommes de terre refroidisse. Videz-la immédiatement dans votre évier, douche ou baignoire pour prévenir tout amas de résidus gras dans vos canalisations.

EAU DE RINÇAGE POUR DES CHEVEUX DOUX

Profitez de l'eau de cuisson de riz, naturellement chargée en amidon, pour rendre vos cheveux plus lisses et brillants. À la sortie d'une douche pendant laquelle vous avez lavé vos cheveux, penchez votre tête au-dessus de votre baignoire ou bac de douche et versez uniformément sur votre cuir chevelu et vos cheveux l'eau de cuisson du riz à température ambiante. Massez délicatement le cuir chevelu, comme si vous faisiez un shampoing. Laissez poser 20 minutes minimum dans une serviette puis rincez à l'eau. Même si cette astuce anti-gaspi n'est pas forcément faisable à chaque repas à base de riz, elle reste une bonne recette beauté naturelle et gratuite à réaliser de temps en temps pour redonner de l'éclat à vos cheveux !

ÉPLUCHURES

La meilleure façon d'éviter le gaspillage d'épluchures, quand elles sont comestibles, consiste tout simplement à ne pas éplucher les fruits et les légumes et à les consommer avec leur peau. Cuisinez donc vos pommes de terre, pommes, carottes ou encore concombres avec leur peau. Cette dernière contient d'ailleurs souvent une grande partie de leurs micronutriments. Mais attention, appliquez cette astuce uniquement si vos fruits et légumes sont certifiés biologiques ! Dans le cas contraire, leur peau peut contenir de nombreuses traces d'engrais ou de pesticides de synthèse, potentiellement dangereux pour la santé quand ils sont ingérés. Dans ce cas, retirez les épluchures et ne les consommez pas. Préférez alors les composter si possible ou les donner à des animaux (les épluchures de carottes et de pommes font par exemple le bonheur des poneys et chevaux et des poules !).

F

FROMAGE (RESTES)

SAUCE TROIS FROMAGES

À la fin d'un dîner entre amis, votre plateau à fromages ressemble à un amas de petits morceaux divers et difformes ? Rassemblez-les dans une petite casserole, ajoutez-y un peu de crème liquide (de vache ou de soja) puis laissez fondre à feu doux en remuant régulièrement. Une sauce idéale pour vos pâtes, riz, ou pommes de terre ou pour confectionner un gratin, une quiche ou une pizza aux trois (ou plus !) fromages.

FRUITS (ABÎMÉS OU TRÈS MÛRS)

CUBES DE FRUITS POUR GOURMANDS

Pour inciter votre famille à déguster des fruits très mûrs à consommer immédiatement, découpez-les en cubes et disposez-les dans une assiette avec une fourchette sur la table d'une pièce passante de la maison. Chacun sera ainsi tenté tout au long de la journée de déguster ces cubes frais de fruits prêts à être consommés !

SMOOTHIE FACILE

Mixez deux ou trois fruits très mûrs différents, même abîmés, avec un peu d'eau ou de lait (de préférence végétal). Vous obtiendrez un smoothie parfait pour une pause équilibrée et gourmande.

COMPOTE EXPRESS

Des pommes, abricots, pêches, fruits rouges, rhubarbe ou encore poires abîmés ou ramollis ? Faites les cuire à feu doux en petits morceaux environ 15 minutes sans ajouter de sucre, pour une compote express et facile.

CLAFOUTIS MAISON

Dans un saladier, mélangez 130 g de farine, 3 cuillères à soupe de poudre d'amande, 80 g de sucre et une pincée de sel. Puis ajoutez très progressivement 40 ml de lait (de préférence végétal) en mélangeant bien au fouet. Laissez reposer la pâte 50 minutes. Dans un plat à tarte huilé, disposez vos fruits en petits morceaux (fruits rouges, abricots, pêches, poires, bananes...) puis versez la pâte sur les fruits et enfournez à 200 °C pendant 40 à 45 minutes. Laissez tiédir avant de déguster.

CUBES DE FRUITS CONGELÉS

Si vous n'avez pas le temps de consommer vos fruits très mûrs, épluchez-les, coupez-les en cubes et congelez-les. Ils vous serviront en temps voulu pour vos smoothies, desserts, compotes, tartes, etc.

CHEESECAKE GOURMAND ZÉRO GASPI AUX FRUITS

Découvrez la recette page 199 !

H

HUÎTRES (COQUILLES)

COMPLÉMENT ALIMENTAIRE POUR POULES PONDEUSES

Si vous avez des poules pondeuses, donnez-leur à picorer des coquilles d'huîtres nettoyées et broyées à l'aide d'un marteau. Elles profiteront ainsi de cet apport naturel en minéraux, dont le calcium, primordial pour la coquille de leurs œufs.

ENGRAIS NATUREL POUR PLANTES

À l'aide d'un marteau, cassez le plus finement possible des coquilles d'huîtres préalablement nettoyées. Puis mélangez la poudre à la terre de vos plantes intérieures et extérieures. Elle lui apportera des minéraux et des oligoéléments.

PIERRE ANTICALCAIRE

Les coquilles d'huîtres absorbent très facilement le calcaire de l'eau dans laquelle elles baignent. Nettoyez donc soigneusement quelques coquilles puis disposez-les dans le réservoir de vos toilettes ou même dans votre lave-vaisselle. Changez-la une fois qu'elle est blanche.

BARRIÈRE ANTI-LIMACES ET ESCARGOTS

Si les limages et escargots se font un régal des légumes et herbes de votre potager, plantez autour de chaque pied des coquilles d'huîtres nettoyées, de manière à former une barrière sans passage. La surface rugueuse et coupante de l'huître empêchera ces habitants indésirables de la franchir.

COLLECTES SAISONNIÈRES DE RECYCLAGE

Si malgré ces astuces, vous vous retrouvez avec une montagne de coquilles d'huîtres à jeter à la fin de votre repas de Noël, sachez qu'il existe encore une solution !
De plus en plus de communes mettent en place des bacs de collecte de coquilles d'huîtres pendant les fêtes de fin d'année pour les recycler. Si ce n'est pas le cas de votre commune, n'hésitez pas à le réclamer auprès de votre mairie, qui n'en a peut-être tout simplement pas (encore) eu l'idée.

L

LÉGUMES (ABÎMÉS)

SOUPE PERSONNALISÉE

Utilisez vos divers légumes abîmés pour concocter une soupe personnalisée. Faites cuire à l'eau ou à la vapeur des pommes de terre, des oignons et vos légumes abîmés (carottes, navets, poireaux, etc.) en petits morceaux. Une fois qu'ils sont bien tendres, mixez le tout avec de l'eau, du sel, du poivre, des herbes aromatiques.

FLAN AUX LÉGUMES

Dans une poêle huilée, faites revenir l'équivalent de deux bols de vos légumes abîmés coupés en petits morceaux (courgettes, tomates, carottes, poireaux, etc.) avec une cuillère à café de curcuma (pour un flan à la belle couleur dorée), de l'oignon et de l'ail. Dans une casserole, versez 100 g de fécule de maïs, puis ajoutez progressivement 1 litre de lait (ou de boisson de soja pour une version végétale) en remuant constamment à l'aide d'un fouet. Ajoutez du sel et du poivre. Faites chauffer le mélange à feu doux en remuant, jusqu'à ce qu'il épaississe. Ajoutez les légumes, mélangez, puis versez la préparation dans un plat à tarte huilé. Enfournez à 180 °C pendant environ 40 minutes. Vous pouvez également réaliser des flans individuels en versant la préparation dans de petits ramequins.

CURRY COCO AUX LÉGUMES

Découvrez la recette page 193 !

CHILI SIN CARNE

Découvrez la recette page 195 !

LASAGNES AUX HARICOTS ROUGES

Découvrez la recette page 189 !

M

MARC DE CAFÉ

EXFOLIANT POUR UNE PEAU DOUCE

Savonnez votre corps ou votre visage. Avant de rincer, ajoutez quelques pincées de marc de café dans vos mains savonneuses et massez délicatement en petits cercles l'endroit à exfolier, puis rincez à l'eau. Peau douce et salle de bains au délicieux parfum de café assurées ! Pour faciliter la réalisation de ce gommage, vous pouvez faire sécher votre marc de café au soleil ou sur un radiateur. Une fois complètement sec, versez-le dans un bocal que vous placerez dans votre douche ou baignoire. Il se conservera ainsi plusieurs semaines, pendant lesquelles vous aurez votre gommage toujours à disposition.

ENGRAIS NATUREL POUR LES PLANTES

Le marc de café est le meilleur ami du jardinier ! C'est un excellent engrais naturel, particulièrement adapté aux semis, aux tomates mais aussi aux hortensias. Épandez donc votre marc de café aux pieds de vos plantes, puis mélangez délicatement à la surface de la terre.

DÉSODORISANT À RÉFRIGÉRATEUR

Comme le bicarbonate de soude, le marc de café absorbe très bien les odeurs. Disposez-en donc une coupelle dans votre réfrigérateur, à changer tous les mois environ.

GOMMAGE ANTI-ODEURS

Vos mains sentent l'ail, l'oignon ou le poisson après avoir cuisiné ? Frottez simplement du marc de café dans vos mains mouillées puis rincez.

O

ŒUFS (BLANCS OU JAUNES)

OMELETTE

S'il vous reste des blancs ou des jaunes d'œufs, vous pouvez mélangez jusqu'à trois blancs ou jaunes d'œufs pour un œuf entier afin d'en faire une omelette. Elle sera simplement plus blanche ou jaune qu'une omelette classique.

GALETTES FOURRÉES

Dans un bol, mélangez deux blancs d'œufs par personne avec du sel, du poivre et des épices de votre choix. Disposez le mélange dans une poêle chaude et huilée et faites griller cette galette de chaque côté. Ôtez du feu et, comme pour un tacos, disposez sur une moitié de la galette la garniture de votre choix (le reste d'une poêlée de légumes ou de champignons, par exemple) puis fermez la galette en rabattant l'autre moitié.

ŒUFS PRÊTS À L'EMPLOI

Congelez vos blancs et jaunes d'œufs restants pour des préparations futures. Conditionnez-les dans de petites boîtes ou bocaux en y indiquant le nombre de blancs ou jaunes et la date de congélation. Conservez-les ainsi 4 mois maximum.

ŒUFS (COQUILLES)

ENGRAIS NATUREL POUR PLANTES OU POTAGER

Les coquilles d'œufs sont très riches en minéraux, dont le calcium, le magnésium et le potassium. Un engrais rêvé pour vos plantes ! Broyez le plus finement possible vos coquilles d'œufs en les passant sous un rouleau à pâtisserie, par exemple. Puis épandez-les aux pieds de vos plantes. Mélangez-les grossièrement à la surface de la terre. Cette astuce fonctionne aussi bien pour les plantes d'intérieur que pour celles du jardin et pour le potager.

P

PAIN (DUR/SEC)

PAIN COMME À LA SORTIE DU FOUR

Pour redonner sa fraîcheur à un pain sec, passez-le sous un filet d'eau puis enfournez-le 10 minutes à 120 °C. Il sera croquant à l'extérieur et moelleux à l'intérieur, comme à sa première sortie du four !

CROÛTONS

Coupez votre pain en petits cubes puis faites-les griller dans une poêle avec de l'huile d'olive, de l'ail en poudre et éventuellement des herbes aromatiques. Des croûtons idéaux pour vos soupes et veloutés.

CHAPELURE

Coupez grossièrement votre pain sec et passez-le au mixeur quelques secondes, pour obtenir une poudre homogène. Utilisez cette chapelure pour vos panures ou vos gratins.

PAIN PERDU EXPRESS

Pour deux personnes. Dans un grand bol, fouettez deux verres de lait (de préférence végétal : lait de noisette, d'amande, de soja, etc.), du sucre (selon vos préférences), deux pincées de vanille en poudre et une pincée de cannelle (facultative). Trempez-y quelques secondes vos tranches de pain sec ou de brioche sèche, puis faites-les griller quelques minutes dans une poêle huilée.

POIREAU (VERT)

Bien que la partie verte des poireaux soit plus filandreuse que la partie blanche, elle offre les mêmes saveurs. Le poireau entier peut donc être utilisé dans de nombreux plats dans lesquelles la cuisson rend le vert tout aussi fondant que le blanc. C'est le cas des fondues de poireaux, des soupes, des tartes, des gratins, etc. Demander à son marchand de retirer les verts de poireaux, c'est donc voir partir à la poubelle la moitié du légume !

POIS CHICHES (EAU DE CONSERVATION)

MOUSSE AU CHOCOLAT

Vous avez bien lu, vous pouvez faire une mousse au chocolat à partir de l'eau de conservation des pois chiches ! Cette dernière, appelée aquafaba, est l'eau que vous trouvez dans un bocal de pois chiches cuits et qui recèle mille et un secrets.
Montée en neige, elle remplace les blancs d'œufs dans de nombreuses recettes : crème glacée, mayonnaise, tarte au citron meringuée, macarons et même meringues.
Pour en faire une mousse au chocolat, placez un grand saladier 15 minutes dans un congélateur. Puis servez-vous-en pour monter en neige 150 ml d'eau de conservation de pois chiches à l'aide d'un fouet électrique. Le résultat doit avoir la même consistance que des blancs en neige épais. Ajoutez petit à petit 3 cuillères à soupe de sucre glace. Dans une petite casserole (idéalement au bain-marie), faites fondre à feu doux 100 g de chocolat noir puis ajoutez 10 cl de crème de soja. Incorporez progressivement le chocolat fondu au mélange précédent en remuant délicatement à l'aide d'une spatule. Pour encore plus de gourmandise, ajoutez des pépites de chocolat, des noix ou du caramel. Versez le tout dans de jolis verres et laissez poser au réfrigérateur pendant une heure et demie minimum.

POMMES (ABÎMÉES)

POÊLÉE DE POMMES FONDANTES

Coupez vos pommes abîmées en tranches d'environ un demi-centimètre d'épaisseur. Faites-les revenir dans une poêle avec un filet d'huile et une pointe de sel, jusqu'à ce qu'elles soient bien tendres. Servez-les en accompagnement d'un plat salé comme sucré.

COMPOTE

Coupez vos pommes en petits cubes, ajoutez quelques pincées de vanille et/ou de cannelle (facultatif) et faites-les cuire dans une casserole à feu doux-moyen jusqu'à ce qu'ils soient fondants.

POMME DE TERRE CUITES (RESTES)

POMMES DE TERRE SAUTÉES À L'AIL

Si vos pommes de terre sont fermes, offrez-leur une seconde vie en faisant une poêlée de pommes de terre sautées et croustillantes ! Pour cela, coupez vos pommes de terre en petites rondelles épaisses et faites-les revenir dans une poêle huilée bien chaude. Ajoutez des gousses d'ail en morceaux, du sel et des herbes aromatiques (fraîches ou sèches). Faites revenir jusqu'à ce que les pommes de terre soient bien dorées.

CURRY DE LÉGUMES ET POMMES DE TERRE

Dans une casserole, faites revenir un gros oignon avec 3 cuillères à café de poudre de curry et 4 poignées des champignons en morceaux. Assaisonnez. Lorsqu'ils sont tendres, ajoutez 2 poignées des légumes de votre choix (carottes, haricots, brocolis, etc.). Une fois que les légumes sont tendres, ajoutez 4 poignées de pommes de terre en cubes et versez une boîte de lait de coco. Laissez mijoter à feu doux 10 minutes, puis servez chaud sur un lit de riz.

PURÉE AUX HERBES

Transformez vos restes de pommes de terre tendres ou bien cuites en purée aux herbes ! Réchauffez-les puis écrasez-les. Ajoutez-y un filet d'huile d'olive, quelques cuillères de lait (de préférence végétal), de l'ail en poudre, du sel, du poivre et des herbes aromatiques, idéalement fraîches ou congelées. Vous pouvez également faire des variantes, en y ajoutant des épices ou d'autres légumes en purée, comme des carottes ou des patates douces.

PURÉE (RESTES)

GALETTES CROUSTILLANTES

Mélangez un bol de purée, un œuf battu et deux cuillères à soupe de farine. Ajoutez du sel, du poivre et les épices de votre choix. Mélangez et façonnez des petites galettes. Faites griller les galettes dans une poêle chaude et préalablement huilée. Servez immédiatement, avec une sauce maison comme ma sauce au yaourt de soja dont la recette se situe page 166.

R

RIZ (RESTES DE)

CROQUETTES CROUSTILLANTES

Mélangez un bol de riz cuit, un œuf, du sel, du poivre et les épices de votre choix. Faites griller dans une poêle chaude et huilée sous forme de petites galettes, jusqu'à ce qu'elles soient dorées et croustillantes.

MINI-PIZZAS EXPRESS

Mélangez un bol de riz cuit avec un œuf. Assaisonnez. Façonnez de petites galettes plates d'environ 5 cm de diamètre et disposez-les sur une planche de four huilée. Étalez sur chacune d'entre elles une fine couche de sauce tomate puis ajoutez-y la garniture de votre choix (champignons, basilic, pesto, fromage, etc.). Passez au four à 150 °C pendant environ 10 à 15 minutes. Des mini-pizzas originales et zéro déchet à servir à l'apéritif ou en entrée !

T

TOMATES (TRÈS MÛRES OU ABÎMÉES)

SAUCE TOMATE MAISON

Découvrez ma recette facile de sauce tomate-basilic maison pour vos pâtes page 182 !

V

VIN (BLANC)

GLAÇONS DE VIN

Congelez vos fonds de bouteilles de vin dans des bacs à glaçons. Vous pourrez ainsi les utiliser dans des recettes de plats mijotés le moment venu.

PAELLA SIMPLIFIÉE AUX CHAMPIGNONS ET AU VIN BLANC

Découvrez la recette page 172 !

VOLAILLE (CARCASSE DE)

BOUILLON

Coupez en cubes de l'ail, de l'oignon et des légumes de votre choix (carottes, poireaux, céleri, etc.). C'est également l'occasion d'utiliser vos fanes ou épluchures de légumes si ceux-ci sont certifiés biologiques. Ajoutez-les dans une grande casserole d'eau, ainsi que la carcasse de volaille et des herbes aromatiques (thym, laurier, persil, etc.). Salez et poivrez. Facultatif : ajoutez des épices de votre choix : piment de Cayenne, graines de coriandre en poudre, cumin, etc. Portez à ébullition puis laissez cuire à feu moyen pendant une demi-heure environ. Filtrez le bouillon et dégustez-le chaud.

LES BONNES PRATIQUES À ADOPTER POUR MOINS GASPILLER AU QUOTIDIEN

Niveau 1 : LES ACTIONS PRIORITAIRES ET ACCESSIBLES À TOUS

- ☐ Je ne fais pas mes courses le ventre vide pour ne pas avoir les yeux plus gros que le ventre.
- ☐ Pendant mes courses, je ne choisis pas de dates de péremption longues si ce n'est pas la peine, afin que les dates courtes ne soient pas jetées par mon magasin.
- ☐ Je profite des promotions des produits frais aux dates courtes si mon magasin en propose.
- ☐ Je télécharge l'appli Too Good To Go pour profiter des denrées invendues à petits prix des restaurants et magasins.
- ☐ Je ne boude plus les fruits et légumes imparfaits (tachés, abîmés, petits, difformes…) et leur donne une chance.
- ☐ Je ne jette pas mes plats, pains ou vin en trop et les congèle pour plus tard.
- ☐ Je ne jette plus mes produits à la DDM (date de durabilité maximale : « à consommer de préférence avant ») dépassée, car elle n'indique pas qu'ils sont dangereux à consommer.
- ☐ Je conserve mes restes de repas et je les sers tels quels plus tard ou les transforme pour le repas suivant.
- ☐ Je n'épluche plus mes fruits et légumes certifiés biologiques si leur peau est comestible (carottes, pommes de terre, courgettes, concombres, courges, etc.) afin, notamment, de ne pas perdre tous les vitamines et minéraux que celle-ci contient.

Niveau 2 : LES ACTIONS POUR ALLER PLUS LOIN

- ☐ Je prévois mes repas de la semaine à l'avance et établis ma liste de courses en fonction.
- ☐ Je ne stocke pas certains fruits et légumes ensemble (voir la liste page 129) pour éviter leur mûrissement prématuré.
- ☐ Je sens ou goûte un produit non ouvert à la DLC (date limite de consommation : « à consommer jusqu'au ») légèrement dépassée avant de le jeter, sauf s'il s'agit de viande, poisson ou lait cru.
- ☐ Avant de jeter un aliment (fanes, épluchures, coquilles, restes, noyaux, etc.), je cherche une astuce qui me plaît pour le réutiliser, grâce au dictionnaire anti-gaspi des pages 136 à 147.

Chapitre 4

CUISINE DURABLE : DES PERSONNALITÉS TÉMOIGNENT

Afin de vous proposer d'autres perspectives et actions que celles que je partage dans ce livre, j'ai demandé à quelques personnalités de différents milieux et aux différents profils de témoigner. Je leur ai posé la question suivante :

« Quelles sont les habitudes que vous avez adoptées au quotidien pour réduire les impacts environnementaux de votre alimentation ? ».

Voici leurs réponses !

© Catherine Delahaye

Julien Vidal, fondateur du site cacommenceparmoi.org et auteur du livre *Ça commence par moi* (Le Seuil, 2018)

« S'il y a un domaine dans lequel on peut construire dès aujourd'hui le monde de demain par ses actions du quotidien, c'est bien notre alimentation. En effet, trois fois par jour, en mangeant, nous pouvons soutenir des productions bio et de saison en rétribuant justement les producteurs. Pour aller dans ce sens, voici quelques bonnes pratiques pour (re)donner du sens à son alimentation :

• Je ne vais plus au fast-food pour cesser de cautionner une industrie extrêmement polluante : Chaque année, la restauration rapide en France génère 80 000 tonnes d'emballages et 60 000 tonnes de déchets alimentaires par an.

• Je ne commande plus de plats à emporter : 700 000 repas sont livrés chaque jour en France. Vous imaginez tous les sacs en carton, les emballages en plastique et les serviettes en papier qui termineront à la poubelle ?

• J'adopte une alimentation végétarienne : un geste fort qui marque notre envie de réduire notre empreinte écologique et de redonner une valeur aux êtres vivants. Et nous avons du pain sur la planche : chaque Français consomme 86 kg de viande et 25 kg de poisson par an.

• Je mange les légumes et les fruits avec la peau : quand les produits sont bio, c'est du gagnant/gagnant : plus de vitamines et d'antioxydants pour nous et moins de déchets pour la planète.

• Je donne mes aliments sur le point d'être périmés à un frigo solidaire avant de partir en vacances : un tiers de toute la nourriture produite dans le monde part à la poubelle et les Français jettent environ 29 kg de nourriture par personne par an, dont 7 kg de produits encore emballés. Autant dire que chaque geste pour réduire cet immense gâchis compte. »

© C. Jamet

Vincent Brassart, fondateur de l'association française La Tablée des Chefs (découvrez son interview page 126)

« Pour moi qui suis un épicurien, il ne s'agit pas de me priver de quoi que ce soit, mais de manger différemment et de meilleure qualité.
J'achète toujours mes fruits et légumes de saison et aussi locaux que possible. Je me réapproprie ainsi mon alimentation et apprends à revivre au rythme des saisons.
Je limite également les emballages, en n'achetant quasiment aucun aliment transformé ou ultratransformé. J'achète ainsi des aliments bruts et je les prépare moi-même.
J'ai également réduit les protéines animales que je mange. Je n'en mange presque plus qu'à l'extérieur, au restaurant par exemple. Lorsque j'en mange, je ne prends que de la qualité et je consomme tout l'animal. Il ne s'agit pas de ne choisir que les parties nobles. Pour moi, c'est redécouvrir des nouveaux plaisirs, des nouveaux goûts, mais aussi respecter le produit et ne pas tuer un animal si c'est pour en jeter la moitié !
Je limite aussi mon gaspillage alimentaire en ne consommant que des fruits et légumes biologiques, ce qui me permet de les manger en intégralité et ainsi de ne pas avoir à jeter les peaux ».

© Laurent Blevennec
Présidence de la République

Guillaume Gomez, chef des cuisines du Palais de l'Elysée, meilleur ouvrier de France et parrain de l'association française La Tablée des Chefs (découvrez son interview page 134)

« En tant que chef, tout cela fait partie de mon métier et m'est évident.
Je sais comment préparer le produit dans les bonnes quantités pour ne pas avoir de restes. Je récupère toujours ce qui peut être récupérable dans un produit. La saisonnalité est aussi mon credo. Je le dis toujours : des produits hors saison et exportés de l'autre bout du monde ne se vendraient plus si personne ne les achetait, c'est aussi simple ! Il ne s'agit pas non plus de ne plus manger aucune orange parce que cela ne pousse pas en France, mais au moins de faire en sorte que ces produits ne constituent pas 80 % de notre alimentation.
La base pour moi est également le fait maison. Ce que je dis toujours aux consommateurs, c'est que cela n'a pas besoin d'être compliqué : au lieu d'acheter des pizzas surgelées, il suffit d'en préparer soi-même en grande quantité un seul dimanche dans l'année et de les congeler. Ainsi, pour le prix d'une pizza, on peut en faire 20 ! Enfin, je prépare également uniquement de la viande de meilleure qualité ».

© François Marsteau

Jean-Marc Gancille, cofondateur du lieu alternatif Darwin (le plus grand tiers-lieu de France dédié aux initiatives locales de transition sociale et environnementale) à Bordeaux, vice-président de l'ONG Wildlife Angel et auteur du livre *Ne plus se mentir* (Rue de l'Échiquier, 2019)

« Chaque année nous chassons, pêchons, élevons et tuons 70 milliards d'animaux terrestres et environ mille milliards d'animaux marins pour une nourriture dont les apports ne nous sont plus indispensables.
Le fait est établi qu'une alimentation à base de végétaux n'est certainement pas moins saine qu'une alimentation à base de chairs décomposées, de sécrétions bovines ou d'ovulations de poules.
Non seulement nous tuons par plaisir des animaux sensibles qui ne demandent qu'à vivre mais nous provoquons ainsi un véritable désastre écologique qui se retourne contre nous (émissions de gaz à effet de serre, déforestation, érosion, pollution des eaux…).
D'un point de vue éthique ou écologique, plus rien ne peut plus justifier la consommation de viande ou de poisson et aucune demi-mesure ne saurait suffire.

Il est plus que temps de mettre un terme à la violence dont nous nous nourrissons. »

© Eric Jacquin

Philippe Lévêque, fondateur de Mon Atelier Ecofrugal et auteur de *Mon guide ecofrugal* (maintenant disponible gratuitement sur internet sur https://www.monatelier-ecofrugal.fr/guide/)

« J'achète chez un déstockeur des produits en passe d'être périmés. Les aliments sont vendus en moyenne 65 % moins cher. C'est ma manière de lutter contre le gaspillage alimentaire tout en faisant du bien à mon porte-monnaie.
Je mets mes biodéchets au compost. Je n'ai pas réussi à convaincre ma concierge de mettre en place un composteur en bas de l'immeuble. Qu'à cela ne tienne ! Mon voisin qui habite à 50 mètres de chez moi m'a donné son digicode pour accéder à son composteur. Régulièrement, j'apporte mon bac hermétique rempli de biodéchets.
Je pratique le zéro gaspillage alimentaire. C'est pas très compliqué, il suffit d'en prendre l'habitude. Par exemple, regarder ce qu'il y a dans son réfrigérateur avant d'aller faire les courses. Et puis mes meilleurs repas, je les ai toujours faits en improvisant des recettes à partir des restes. Cette cuisine créative m'apporte beaucoup de plaisir, je sors des sentiers battus et je découvre de nouvelles saveurs !
Je cuisine pour éviter de consommer des produits ultratransformés. En effet ceux-ci sont souvent trop gras, trop sucrés, trop salés, ils contiennent de nombreux additifs soupçonnés de favoriser le diabète, le cancer et les maladies cardio-vasculaires. Je n'ai pas de four, ma cuisine n'est pas très élaborée mais j'arrive tout de même à me faire plaisir en préparant des plats simples et rapides.
Je ne consomme pas d'eau en bouteilles, je fais ma propre eau gazeuse. Je me refuse à acheter de l'eau en bouteille, même en déplacement. J'utilise ma gourde que je remplis avec de l'eau plate du robinet ou mon eau gazeuse. »

© Fanchon Bibille

Guillaume Meurice, humoriste satirique et chroniqueur radio sur France Inter, engagé notamment sur des thématiques environnementales (découvrez son interview page 88)

« C'est assez simple. Je consomme le plus souvent bio, je privilégie le local, et j'évite les emballages. Rien de très révolutionnaire. Mais il est clair que c'est au niveau des gros groupes, des multinationales et des accords de libre-échange dévastateurs que la partie se joue. Il me semble que notre rôle de consommateur est important, mais que celui de citoyen l'est encore davantage. »

© Photo HB

Hervé Berbille, ingénieur en agroalimentaire et consultant en nutrition (découvrez son interview page 72)

« Par ordre de préférence, je mange : végétal, pas (ou peu) transformé, local, saisonnier et bio... Cinq mots qui sauvent de bien des maux, ou quand le sort de l'humanité se compte sur les cinq doigts d'une main, autant dire à portée de main... »

© Marianne Petit

Shafik Asal, directeur associé de ECO2 Initiative et cofondateur de l'appli Etiquettable (découvrez son interview page 100)

« Je mange végétarien le plus souvent possible. C'est l'action qui a de loin le plus d'impact sur le climat et c'est bon pour la santé. Pour commencer, on peut prendre l'habitude de manger végétal un jour sur deux puis vous verrez, vous allez de vous-même avoir de plus en plus envie d'en manger plus souvent. Je cuisine en une fois pour plusieurs jours et je conserve, cela permet d'éviter les produits industriels et de faire beaucoup d'économies. En plus, c'est un plaisir. Je fais mes courses (de saison, bio et local) dans des lieux engagés pour que mes achats aient un impact positif : magasins biologiques, vrac, AMAP, Ruche qui dit Oui !, marchés de producteurs.
n peut retrouver plein d'adresses utiles sur l'appli Etiquettable ! J'achète le plus possible en vrac et je composte mes déchets alimentaires. Du coup je n'ai presque plus besoin de descendre la poubelle ! »

LES BONNES PRATIQUES QUE VOUS AVEZ ADOPTÉES

Et vous, quelles sont les petites habitudes que vous avez déjà adoptées dans votre quotidien pour une alimentation durable ? Quelles sont celles que vous souhaitez tester ?

Ce que j'ai envie de tester :

1. ....

....

2. ....

....

3. ....

....

4. ....

....

5. ....

....

6. ....

....

7. ....

....

8. ....

....

Chapitre 5

25 RECETTES ÉCORESPONSABLES (ET FACILES) POUR SE LANCER

Quoi de mieux que des recettes simples et concrètes pour mettre en pratique les actions présentées dans ce livre ! Je vous propose 25 recettes que j'ai créées (ou modifiées), testées et approuvées depuis bien des années. Ces sauces, entrées, plats, goûters et desserts réalistes et faciles ont pour objectif de vous guider et de vous inspirer pour cuisiner facilement au quotidien. Ces recettes, aux impacts environnementaux faibles, sont également des exemples d'application des principes évoqués dans les chapitres précédents. Ainsi, chaque recette adopte au moins trois des six engagements environnementaux suivants.

Sans ingrédients d'origine animale : cette recette ne contient ni viande, ni poisson, ni œufs, ni laitages. C'est le cas de l'ensemble des recettes proposées ici : sauce crémeuse, hamburger gourmand, brownie protéiné, pancakes express... Vous verrez pourtant que ces plats, même s'ils n'en ont pas l'air, se révèlent tout aussi beaux et bons que leur version originale ! Si vous voulez en savoir plus sur les impacts environnementaux des produits d'origine animale, rendez-vous à la p. 63.

Zéro déchet : les ingrédients de cette recette peuvent se trouver facilement en vrac et/ou en bocal/bouteille en verre au marché, en magasins biologiques et/ou en rayon vrac de supermarchés. Bien sûr, cette mention est simplement indicative, puisque les rayons vrac, par exemple, ne sont pas disponibles partout en France, notamment dans les zones rurales. Par ailleurs, les recettes arborant ce pictogramme ne contiennent pas d'aliments systématiquement vendus sous emballages : briques carton de crème végétale, sachets plastiques de tortillas ou de petits pois surgelés, boîtes de conserve de lait de coco...

Zéro gaspi : cette recette permet d'accommoder un aliment abîmé/trop mûr ou un reste (légumes abîmés, fin de bouteille de vin, fruits trop mûrs...).

Bas carbone : la production des ingrédients utilisés dans cette recette n'émet pas beaucoup de gaz à effet de serre. Les aliments cuisinés ici ne font pas non plus partie de la liste grise de cultures ou d'élevages participant massivement à la déforestation, indiquée p. 95.

Local : cette recette contient des aliments qu'il est courant de produire en France métropolitaine ou dans ses pays voisins (tomates, lentilles, carottes, patates douces, blé, maïs...). Bien évidemment, cet aspect repose entièrement sur vos choix d'achats et sur les provenances des produits proposés dans vos magasins. Les recettes arborant ce pictogramme ne contiennent donc pas de produits exotiques qui ne sont pas ou peu cultivés en France métropolitaine aujourd'hui : sésame, lait de coco, chocolat, etc.

De saison : trouvez pour chaque recette la saison (pour la France métropolitaine) à laquelle la cuisiner :

Printemps — Été — Automne — Hiver — Toutes saisons

Comme vous le verrez, aucune des 25 recettes proposées ici ne comporte les six pictogrammes en même temps. N'oubliez pas en effet que le principe de cuisine durable au quotidien ne repose pas sur une recherche vaine de recettes parfaites sur le plan environnemental. Souvenez-vous du conseil n° 1 donné en introduction de ce livre* : « L'objectif n'est pas de tout faire ! »

Notez par ailleurs que la plupart des quantités de chaque ingrédient sont indiquées en volume (1 tasse**, 1 cuillère à soupe, 1 poignée…) et non en poids, afin de faciliter la réalisation de ces recettes dans votre quotidien.

* Rendez-vous à la p. 22 pour (re)découvrir mes 5 conseils avant de se lancer !

** De la taille d'un mug à café classique.

ENTRÉES & PLATS

TOUTES SAISONS

HOUMOUS
MAISON

Le houmous est un mets préparé presque hebdomadairement chez nous ! Les grandes quantités que je cuisine sont alors dégustées tout au long de la semaine de différentes façons : en apéritif avec des bâtonnets de crudités, en entrée avec des tartines grillées à l'ail, en wraps garnis (voir p. 167) ou encore en sandwichs.

15 min. **30** min. **4** pers.

Ingrédients • 250 g de pois chiches secs (à faire tremper la veille dans l'eau) ou 450 g de pois chiches cuits en bocal • 3 c. à s. de tahin (beurre de sésame)* • 4 c. à s. de jus de citron • 4 c. à s. d'huile d'olive vierge bio • 1 gousse d'ail • 1 c. à c. de cumin en poudre ou de coriandre en poudre • sel

1 Si vous utilisez des pois chiches secs, rincez-les et faites-les cuire dans l'eau bouillante pendant environ 30 minutes jusqu'à ce qu'ils soient très tendres.

2 Une fois refroidis, mixez-les avec le reste des ingrédients, jusqu'à obtenir une texture crémeuse et homogène.

CONSEILS Vous pouvez conserver votre houmous jusqu'à 3 jours dans un bocal ou une boîte hermétique au réfrigérateur.

*Achetez votre tahin biologique en supermarché ou en magasin biologique, conditionné dans des bocaux en verre.

SAUCE
AU YAOURT ET AUX HERBES (ET SES CRUDITÉS)

Exit les sauces industrielles ! Voici une recette express de sauce crémeuse au yaourt et aux herbes, sans laitages. J'en prépare chaque semaine un grand bocal, pour en profiter les jours suivants, dans ses multiples utilisations possibles : crudités, hamburger (voir p. 184), wrap (voir p. 167), falafels (voir p. 168), etc.

5 min. **0** min. **4** pers.

Pour la sauce • 400 g de yaourt de soja • 2 poignées d'herbes aromatiques fraîches coupées (basilic, coriandre, ciboulette... selon vos préférences) • 4 c. à s. d'huile d'olive vierge bio • 4 c. à s. d'huile de colza • 2 c. à s. de vinaigre balsamique • 1 c. à c. d'ail en poudre • sel et poivre • facultatif : 1 c. à s. de sauce Worcestershire vegan (de la marque Biona Organic, par exemple)

Pour les crudités Les crudités de votre choix et selon la saison • concombre • carotte • céleri • tomate • etc.

1 Dans un bol (ou un bocal hermétique pour conserver la sauce plus tard), mélangez tous les ingrédients à la cuillère.

2 Lavez à la brosse puis râpez ou coupez en tranches ou en bâtonnets vos crudités. Comme indiqué p. 55, ne les épluchez pas si elles sont certifiées bio, afin de préserver toutes les vitamines.

3 Servez les crudités accompagnées de leur sauce.

WRAPS AUX FALAFELS

Faire le plein de légumineuses, l'air de rien, dans un wrap gourmand à personnaliser, que demander de plus ! Une version maison, sans viande et aux saveurs libanaises des wraps servis en restaurants.

20 min. **0** min. **4** pers.

Ingrédients • 8 grandes tortillas à garnir • une vingtaine de petits falafels grillés (voir p. 168) • 3 tomates • 1 tasse de carottes râpées • 3 avocats bien mûrs • 1 tasse de houmous (voir p. 164) ou de sauce au yaourt végétal (voir p. 166) • ½ tasse d'olives noires dénoyautées • quelques feuilles de salade

1 Préparez et faites griller vos falafels.

2 Faites chauffer vos tortillas (environ 1 à 2 par personne) dans une poêle 1 à 2 minutes par face.

3 Dans chaque assiette, garnissez chaque tortilla de 1 à 2 feuilles de salade, de 2 c. à s. de carottes râpées, de 4 petits falafels, de quelques dés d'avocat, de 3 c. à s. de houmous et/ou sauce aux herbes, de quelques olives et de 2 rondelles de tomates.

4 Roulez les côtés de la tortilla et dégustez-la immédiatement.

CONSEILS Pour raccourcir le temps de préparation, vous pouvez acheter une préparation bio pour falafels, proposée notamment par les marques La Ferme Biologique, Mon Fournil, La Vie Claire ou encore Joannusmolen. Vous n'aurez qu'à ajouter de l'eau bouillante à cette préparation, assaisonnée et sans additifs. Votre pâte pour falafels sera prête à être grillée sous forme de boulettes.

TOUTES SAISONS

FALAFELS -GRILLÉS-

À LA CORIANDRE ET AU CUMIN

Ces boulettes grillées aux épices trouvent principalement leurs origines au Proche-Orient. Une recette parfaite pour faire déguster à tous des légumineuses, excellentes sources de protéines végétales et de fer.

15 min. **40** min. **4** pers.

Pour une trentaine de falafels • 500 g de pois chiches secs (à faire tremper la veille dans l'eau) ou 900 g de pois chiches cuits en bocal • 1 oignon • 3 gousses d'ail • ½ tasse de persil frais coupé • 1 c. à c. de bicarbonate • 3 c. à s. de cumin • 3 c. à s. de coriandre en poudre • 2 c. à s. de paprika • huile d'olive vierge bio • sel et poivre • facultatif : 1 c. à s. de graines de sésame

1 Si vous utilisez des pois chiches secs, rincez-les et faites-les cuire dans l'eau bouillante pendant environ 30 minutes jusqu'à ce qu'ils soient très tendres.

2 Mixez-les avec tous les ingrédients secs.

3 Avec la pâte obtenue, formez des petites boules puis les cuire dans une poêle chaude généreusement huilée, jusqu'à ce qu'elles soient bien dorées.

CONSEILS Dégustez dans des wraps (p. 167), des salades garnies ou accompagnés d'une sauce au yaourt végétal (p. 166) et de légumes grillés, ou sous forme de steaks dans des hamburgers (p. 184). Pour des falafels encore plus gourmands, roulez-les dans la chapelure avant de les faire griller !

TOUTES SAISONS

GALETTES
DE POMME DE TERRE FAÇON RÖSTI

Ces galettes de pomme de terre provenant de Suisse – mais trouvant également des origines en Allemagne, Alsace, Pologne ou encore Suède – font toujours le bonheur des petits comme des grands.

15 min. **10** min. **4** pers.

Ingrédients • 1,2 kg de pommes de terre (idéalement à chair ferme) • 3 oignons de taille moyenne (ou 4 petits) • 2 c. à s. de farine • ½ à 1 tasse d'herbes aromatiques fraîches coupées (persil, ciboulette, coriandre…) • 1 c. à c. d'ail en poudre • huile d'olive vierge bio • sel et poivre • facultatif : 1 c. à s. de coriandre en poudre

1 Si vos pommes de terre sont certifiées biologiques, nul besoin de les éplucher, lavez-les simplement sous l'eau à l'aide d'une brosse.

2 Râpez-les puis pressez-les dans un torchon afin de retirer l'excès de jus.

3 Disposez-les dans un saladier et ajoutez-y les oignons coupés finement (vous pouvez les mixer pour gagner du temps), la farine, l'ail en poudre, les herbes aromatiques et la coriandre en poudre. Assaisonnez avec sel et poivre.

4 Dans une poêle chaude et huilée, disposez des cuillerées de pâte. Aplatissez la préparation de façon à former de petites galettes.

5 Faites griller environ 5 minutes de chaque côté, pour que vos galettes soient bien grillées.

6 Servez-les chaudes, accompagnées de dés de potimarron caramélisés (voir p. 191), d'une salade garnie, de riz à la portugaise (voir p. 179) ou encore d'épinards à la crème végétale (voir p. 196).

CONSEILS La pâte non cuite se conserve jusqu'à 2 jours au réfrigérateur. N'hésitez donc pas à en faire en grande quantité pour plusieurs repas.

TOUTES SAISONS

PAELLA

SIMPLIFIÉE AUX CHAMPIGNONS – ET AU VIN BLANC –

Les saveurs de cette paella revisitée, sans produits d'origine animale et respectueuse des océans, séduisent toujours. Elle est par ailleurs idéale pour accommoder les fins de bouteilles de vin blanc après un dîner entre amis. Si je n'utilise pas le vin blanc dans les jours suivant l'ouverture de la bouteille, je le congèle dans de petits bocaux en verre de la taille d'une tasse, soit la portion nécessaire pour réaliser cette recette.

10 min. **30** min. **4** pers.

Ingrédients • 2 tasses de riz blanc rond • 2 tasses de champignons (champignons de Paris, pleurotes ou idéalement des shiitakés) • 1 tasse d'oignons coupés en dés • 1 tasse d'un reste de vin blanc • ½ tasse de petits pois surgelés • 100 g de tofu fumé • 2 cubes de bouillon de légumes* • 1 gousse d'ail • huile d'olive vierge bio • 1 c. à c. de piment doux en poudre (2 à 3 cuillerées pour un goût épicé plus prononcé) • 1 c. à c. de coriandre en poudre • 1 c. à c. de paprika • 1 c. à c. de curcuma • sel et poivre • facultatif : 3 brins de safran

1 Dans une grande poêle aux bords hauts ou dans une sauteuse, faites revenir l'oignon, l'ail en petits morceaux, les champignons grossièrement coupés et les épices avec un peu d'huile.

2 Ajoutez les petits pois et le tofu que vous aurez coupé en morceaux à l'aide de vos doigts.

3 Dans une petite casserole à côté, faites bouillir 4 tasses d'eau, puis éteignez et ajoutez les 2 cubes de bouillon.

4 Dans la poêle, versez le riz de façon à le répartir de façon homogène, sans remuer.

5 Versez également le bouillon ainsi que le vin blanc.

6 Sans remuer, laissez cuire à feu doux environ 20 minutes, jusqu'à ce que le riz soit cuit. Assaisonnez si besoin.

* ou 4 tasses du bouillon anti-gaspi de la p. 147.

TOUTES SAISONS

RONDELLES CROQUANTES - DE PATATE DOUCE -

Ces rondelles grillées aux apparences de chips et à la saveur naturellement sucrée ont de quoi séduire ! En plus, elles apportent les nombreux minéraux et vitamines que contiennent les patates douces. Comme pour la recette de dés de potimarron caramélisés (voir p. 191), coupez vos patates douces et laissez simplement le four faire le travail à votre place !

5/10 min. **30** min. **4** pers.

Ingrédients • 4 patates douces de taille moyenne (ou 5 petites) • ail et/ou oignon en poudre • huile d'olive vierge bio • sel et poivre • facultatif : épices de votre choix (paprika, poudre de coriandre, piment doux, curry en poudre, etc.)

1 Si vos patates douces sont certifiées biologiques, nul besoin de les éplucher. Lavez-les simplement sous l'eau avec une brosse.

2 Coupez-les en rondelles d'environ ½ cm.

3 Versez-les dans un saladier et enrobez-les avec vos mains d'huile d'olive, de sel, de poivre, d'ail ou d'oignon en poudre et d'éventuelles épices. Puis disposez-les à plat sur la plaque de façon à les superposer le moins possible afin qu'elles grillent uniformément.

4 Enfournez-les à 180 °C en chaleur tournante pendant environ 30 minutes en les retournant à mi-cuisson. Les rondelles doivent être tendres au centre et croustillantes à l'extérieur.

CONSEILS Servez-les chaud le jour même puis utilisez les restes froids dans une salade garnie.

TOUTES SAISONS

POMMES DE TERRE — CROQUANTES — À LA PORTUGAISE

Cette recette portugaise appelée *batatas ao murro* (littéralement « pomme de terre au coup de poing »), fera le bonheur des enfants, qui pourront s'amuser à vous aider… à donner des coups de poing aux pommes de terre !

15 min. **60** min. **4** pers.

Ingrédients • 16 grosses pommes de terre à chair tendre, certifiées biologiques* • 2 gros oignons (ou 3 petits) • 1 tête d'ail (soit une dizaine de gousses d'ail) • huile d'olive vierge bio • gros sel

1 Lavez les pommes de terre sous l'eau à l'aide d'une brosse.

2 Précuisez-les dans l'eau bouillante pendant environ 20 minutes. Pour vérifier que les pommes de terre sont suffisamment précuites au centre, plantez-y un couteau et levez-le à la verticale. Si la pomme de terre glisse du couteau et retombe dans l'eau, elle est suffisamment précuite.

3 Sur une plaque de four, ajoutez une couche d' ½ centimètre d'huile d'olive.

4 Disposez une pomme de terre sur un torchon propre puis repliez une partie du torchon sur celle-ci et donnez-y un coup de poing afin de l'écraser. La pomme de terre doit être bien aplatie, mais encore en un seul morceau.

* Cette recette requiert en effet de conserver la peau des pommes de terre. Plus d'informations p. 55 !

5 À l'aide d'une spatule, déplacez délicatement la pomme de terre du torchon à la plaque de four sans la casser. Répétez l'opération pour le reste des pommes de terre.

6 Une fois les pommes de terre sur la plaque, répartissez sur le dessus des oignons coupés en grandes lamelles, les gousses d'ail coupées en fines tranches, quelques pincées de gros sel et un filet d'huile d'olive.

7 Enfournez à 180 °C en chaleur tournante et faites cuire 15 minutes. Puis retournez chaque pomme de terre avec une spatule et laissez de nouveau cuire 15 minutes. Puis passez votre four en mode grill et laissez griller 5 à 10 minutes.

8 Dégustez chaud à la sortie du four ou à température ambiante le lendemain.

RIZ À LA TOMATE FAÇON PORTUGAISE

Qui a dit que le riz blanc était fade ? Facilement et rapidement cuisiné avec quelques tomates et un poivron rouge, ce plat est un délice, dont les saveurs se révèlent encore davantage le lendemain.

10 min. **25/30** min. **4** pers.

Ingrédients • 1 verre et demi de riz blanc de Camargue • 2 tomates • 1 poivron rouge • 1 petit oignon • huile d'olive vierge bio • sel

1 Dans une casserole, faites revenir 3 à 4 minutes les oignons coupés en petits dés avec de l'huile d'olive, à feu doux, jusqu'à ce qu'ils soient tendres.

2 Ajoutez-y les tomates et les poivrons coupés en petits dés et faites cuire environ 8 minutes jusqu'à ce que les tomates soient bien cuites.

3 Pendant ce temps, faites bouillir 3 verres d'eau salée dans une casserole à part.

4 Ajoutez le riz à votre préparation à la tomate et laissez cuire 3 minutes en remuant, jusqu'à ce que le riz devienne translucide.

5 Ajoutez l'eau salée au riz, remuez et couvrez. Laissez cuire jusqu'à ce que l'eau soit entièrement absorbée, soit environ 10 à 15 minutes.

6 Servez chaud le jour même ou à température ambiante ou froid le lendemain.

TOUTES SAISONS

BOULETTES FAÇON BOLOGNAISE
ET PÂTES À LA TOMATE

Fan des pâtes à la bolognaise, mais pas du bilan environnemental de la viande rouge ? Cette recette est pour vous ! Ces boulettes grillées à base de haricots rouges – excellente source de protéines, fibres et minéraux – sont simples à réaliser. Les graines de lin moulues, en plus d'apporter de précieux omégas-3, forment un liant naturel remplaçant avec brio les œufs.

10 min. **20** min. **4** pers.

Pour les pâtes à la tomate • les pâtes de votre choix • un bocal de 500 g de sauce tomate cuisinée ou de sauce tomate maison (voir p. 182) • facultatif : une poignée d'herbes aromatiques fraîches

Pour les boulettes façon bolognaise • 150 g de haricots rouges cuits (en bocal ou cuits maison à partir de 70 g de haricots secs environ) • 60 g de graines de lin moulues • 1 petit oignon • 1 c. à s. de sauce tomate • 1 c. à s. de paprika • 1 c. à c. de coriandre en poudre • huile d'olive vierge bio • sel et poivre

1 Faites cuire vos pâtes.

2 Pendant ce temps, ajoutez dans un mixeur l'ensemble des ingrédients pour réaliser les boulettes puis mixez.

3 Formez dans vos mains de petites boulettes et faites-les griller dans une poêle chaude et huilée environ 10 minutes jusqu'à ce qu'elles soient dorées.

4 Égouttez vos pâtes et mélangez-les à la sauce tomate. Servez-les en y déposant dessus vos boulettes et vos herbes aromatiques.

TOUTES SAISONS

PÂTES COMPLÈTES — ET LEUR SAUCE — TOMATE-BASILIC MAISON

Il n'y a rien de meilleur qu'une sauce tomate maison pour vos pâtes. Surtout si elle permet de réutiliser des tomates trop mûres et une fin de bouteille de vin ! Je vous propose ici d'opter pour des pâtes de céréales complètes. En effet, ces dernières, contenant encore leurs germes et l'enveloppe de leurs grains, offrent davantage de vitamines et de minéraux que les pâtes classiques.

5 min. **15/20** min. **4** pers.

Pour la sauce • 1 bocal de 500 g de coulis de tomate nature • 1 tasse de champignons coupés en petits morceaux • ½ tasse d'un reste de vin blanc • ½ tasse d'oignons coupés finement • 1 poignée de basilic frais • huile d'olive vierge bio • sel et poivre • facultatif : quelques tomates fraîches trop mûres

1 Dans une casserole, faites cuire vos pâtes.

2 Pendant ce temps-là, faites revenir les oignons et les champignons avec un peu d'huile, de jus de tomate, du sel et du poivre.

3 Ajoutez le coulis de tomates et les tomates coupées en petits morceaux, sans leur jus au risque que la sauce soit trop liquide. Puis versez le vin blanc.

4 Laissez mijoter 10 minutes.

5 Égouttez vos pâtes et ajoutez-y votre sauce, le basilic coupé en morceaux et un bon filet d'huile d'olive.

HAMBURGER
DE HARICOTS ROUGES ÉPICÉS ET OIGNONS CARAMÉLISÉS

Voici une version sans viande et riche en saveurs. Les possibilités de variantes sont infinies : ajoutez la sauce au yaourt végétal (p. 166), remplacez le steak de haricots rouges par des falafels (p. 168) ou ajoutez des champignons à l'ail.

20 min. **15** min. **4** pers.

Pour les steaks de haricots rouges • 150 g de haricots rouges cuits (en bocal ou cuits maison à partir de 70 g environ de haricots secs) • 60 g de graines de lin moulues • 1 petit oignon • 1 c. à s. de coulis de tomate • 1 c. à s. de paprika • 1 c. à s. de coriandre en poudre • huile d'olive vierge bio • sel et poivre • facultatif : 1 c. à c. de piment en poudre (si vous souhaitez un steak épicé)

Pour le pain et sa garniture • 4 pains à hamburger (biologiques, si possible) • 3 gros oignons (ou 4 à 5 petits oignons) • 2 c. à s. de sucre • quelques feuilles de salade • quelques tranches de tomate • moutarde • ketchup

1 Pour préparer les steaks de haricots, versez dans un mixeur l'ensemble des ingrédients puis mixez.

2 Formez dans vos mains des steaks de la taille souhaitée et faites-les griller dans une poêle chaude et huilée*.

3 Pendant que les steaks grillent, préparez vos oignons caramélisés. Coupez les oignons en lamelles et faites-les revenir dans une poêle avec un peu d'huile, d'eau, de sel et de poivre, pendant environ 10 minutes. Une fois qu'ils sont bien tendres et transparents, ajoutez le sucre.

4 Faites griller vos pains au grille-pain. Étalez-y de la moutarde et du ketchup selon vos goûts. Ajoutez une ou deux feuilles de salade, une tranche de tomate, un steak de haricot et quelques cuillerées d'oignons caramélisés.

CONSEILS Dégustez chaud, accompagné de frites au four, de chips de patate douce (recette p. 174), de salade ou encore de crudités.

* S'il vous reste de la pâte de haricots rouges après cette étape, n'hésitez pas à la réutiliser le lendemain pour ma recette de pâtes à la bolognaise (recette p. 180) !

TOUTES SAISONS

PÂTES
CRÉMEUSES AUX CHAMPIGNONS

Délicieusement réconfortantes, ces pâtes et leur sauce façon forestière sont parfaites pour un dîner hivernal. Une sauce classique, mais jamais décevante, à réutiliser avec de nombreuses autres recettes : riz, galettes de pomme de terre (voir p. 171), hamburger, etc.

5 min. **15** min. **4** pers.

Ingrédients • les pâtes de votre choix
Pour la sauce • 4 tasses de crème liquide de soja • 3 tasses de champignons de votre choix (champignons de Paris, pleurotes, shiitakés...) coupés en tranches • 1 c. à s. de fécule de maïs • 1 c. à c. d'ail en poudre • huile d'olive vierge bio • sel et poivre • facultatif : une poignée d'herbes aromatiques fraîches

1 Faites cuire vos pâtes.

2 Pendant ce temps, faites revenir dans une poêle l'oignon, l'ail en poudre et les champignons avec un peu d'huile, de sel et de poivre pendant environ 10 à 15 minutes.

3 Puis ajoutez la fécule de maïs, mélangez et versez la crème liquide.

4 Faites épaissir quelques minutes à feu doux en remuant régulièrement.

5 Égouttez vos pâtes et mélangez-les à la sauce. Ajoutez les herbes aromatiques fraîches coupées.

TOUTES SAISONS

– LASAGNES –
AUX HARICOTS ROUGES

Cette recette permet de faire manger des légumes aux enfants dans un plat qu'ils adorent, mais également de donner une seconde vie à vos légumes abîmés ou restes de légumes cuits ou crus. Personnalisez ce plat, en fonction des goûts, des restes de votre frigo ou encore de la saison. Variez également les protéines utilisées – ici les haricots rouges – en les remplaçant par du tofu fumé, des haricots blancs ou des restes de viandes.

10 min. **60** min. **4/5** pers.

Pour la sauce tomate • 1 bocal de 500 g de coulis de tomate nature * 250 g de haricots rouges ou noirs cuits (en bocal ou cuits maison à partir de 100 g de haricots secs) • 2 tasses de légumes abîmés en cubes (courgettes, aubergines, restes de carottes râpées ou d'épinards...) et/ou des champignons • 1 tasse d'oignon en dés • huile d'olive vierge bio • sel et poivre

Pour la béchamel • 500 ml de « lait » végétal (soja, riz, avoine...) • 4 c. à s. d'huile d'olive vierge bio • 2 c. à s. de fécule de maïs

Pour les pâtes • une dizaine de feuilles de lasagne (choisissez celles sans précuisson nécessaire, afin de simplifier la préparation du plat)

1 Dans une grande casserole, faites revenir l'oignon dans un peu d'huile.

2 Ajoutez les légumes/champignons en dés et faites cuire quelques minutes.

3 Ajoutez le coulis de tomate et les haricots rouges que vous aurez légèrement écrasés dans vos mains afin qu'ils s'imprègnent ensuite des saveurs de la sauce. Salez, poivrez et laissez mijoter 10 minutes.

* Profitez-en également pour utiliser vos restes de sauce tomate.

4 Pendant ce temps-là, préparez la béchamel : dans une casserole, mélangez au fouet l'huile et la fécule.

5 Ajoutez-y progressivement le lait en fouettant, puis laissez cuire à feu moyen sans cesser de mélanger jusqu'à ce que la béchamel s'épaississe.

6 Assemblez vos lasagnes dans un grand plat à four haut, en commençant par une fine couche de sauce tomate pour éviter que les pâtes n'accrochent au fond du plat. Puis alternez à 2 ou 3 reprises les feuilles de lasagnes, la sauce tomate et la béchamel.

7 Terminez par une couche de béchamel et un filet d'huile d'olive

8 Enfournez à 180 °C pendant 40 minutes.

9 Dégustez chaud le jour même ou à température ambiante les jours suivants.

DÉS DE POTIMARRON CARAMÉLISÉS AU FOUR

Pas envie de passer 1 heure en cuisine pour le dîner de ce soir ? Préparez vos ingrédients en 5 à 10 minutes puis laissez le four travailler pour vous ! Une recette ultrasimple, à décliner avec les courges de votre choix : potimarron, potiron, citrouille, butternut, etc.

10 min. **35** min. **4** pers.

Ingrédients • 2 petits potimarrons (ou 1 gros) • 2 tasses d'oignons coupés en lamelles • ail en poudre • épices de votre choix (paprika, coriandre en poudre, cumin, gingembre...) • huile d'olive vierge bio • sel et poivre

1 Lavez les potimarrons avec une brosse et coupez-les en dés d'environ 2 cm de largeur. S'ils sont certifiés biologiques, vous n'avez pas besoin de retirer la peau. (Si vous avez un jardin, ne jetez pas les graines, nettoyez-les et conservez-les pour les replanter en mai/juin !)

2 Disposez les morceaux sur une plaque de four. Ajoutez-y les oignons en lamelles, l'ail, les épices, l'huile d'olive et assaisonnez. Mélangez avec vos mains pour couvrir uniformément les cubes de potimarron de leur assaisonnement.

3 Enfournez à 180 °C pendant environ 35 minutes, en mélangeant à mi-cuisson. La chair et la peau doivent être bien tendres.

CONSEILS Servez chaud en accompagnement de falafels (p. 168) ou de galettes de pomme de terre façon rösti (p. 171) puis servez les restes froids dans une salade verte garnie.

TOUTES SAISONS

CURRY COCO
— AUX LÉGUMES —

Ce plat aux saveurs exotiques est un bon moyen de donner une seconde chance à vos légumes abîmés ou vieillissants. Une recette à adopter toute l'année en fonction des légumes de saison. Déclinez-la en y remplaçant une partie des légumes par des légumineuses (haricots rouges ou noirs, lentilles, pois chiches...) cuites.

15 min. **25** min. **4** pers.

Ingrédients • 3 à 4 tasses de légumes abîmés de votre choix, coupés en dés
• Au printemps : poireaux, chou rouge, pomme de terre (à faire précuire)
• En été : aubergines, courgettes, carottes, poivrons
• En automne : épinards, potimarrons (à faire précuire), aubergines, carottes
• En hiver : épinards, carottes, potimarrons (à faire précuire), blettes
• 1 tasse d'oignons coupés en petits dés • 1 boîte de 400 ml de lait de coco biologique
• 2 gousses d'ail • 2 à 3 c. à s. de pâte de curry rouge, jaune ou vert * • sel et poivre

1 Dans une grande casserole, faites revenir pendant 5 minutes les oignons et l'ail coupés finement avec la pâte de curry, du sel, du poivre et un peu d'huile et d'eau.

2 Ajoutez vos légumes en dés et la moitié du lait de coco et laissez cuire à feu moyen environ 10 minutes jusqu'à ce que vos légumes commencent à être tendres.

3 Ajoutez le reste du lait de coco et laissez mijoter à feu doux une dizaine de minutes.

4 Servez chaud sur un lit de riz.

* Afin de réduire les impacts environnementaux, assurez-vous que la pâte de curry ne contient pas de poissons ou de crevettes, comme c'est parfois le cas.

CHILI SIN CARNE

Un délicieux plat mijoté et épicé, aux protéines végétales qui accommode vos légumes mêmes les plus abîmés, que demander de plus ! Pensez également à doubler les proportions pour en congeler des portions d'avance.

20 min. **20** min. **4** pers.

Ingrédients • 1 bocal de tomates entières pelées (environ 600 g) • 250 g de haricots rouges ou noirs cuits (en bocal ou cuits maison à partir de 100 g de haricots secs) • 2 tasses de légumes d'été coupés abîmés (typiquement courgettes et poivrons) • 1 tasse d'oignons coupés • ½ tasse d'un reste de carottes râpées • huile d'olive vierge bio • mélange d'épices à chili (piment, paprika, cumin, origan, girofle, coriandre) • sel, poivre • facultatif : 1 tasse de champignons coupés en tranches, champignons de Paris, shiitakés, pleurotes... (selon les disponibilités de votre magasin), ½ tasse de grains de maïs cuits, 100 g de tofu fumé, herbes aromatiques fraîches (basilic, coriandre, ciboulette...)

1 Dans une grande casserole, faites revenir l'oignon dans un peu d'huile.

2 Ajoutez les poivrons coupés en lamelles, les champignons et quelques cuillerées du mélange d'épices (à adapter selon les goûts) et faites revenir quelques minutes.

3 Ajoutez les courgettes, les carottes râpées, les haricots, le maïs et le tofu coupés en cubes. Versez-y également les tomates et leur jus en les cassant grossièrement à l'aide de votre spatule.

4 Mélangez et laissez mijoter à feu doux une vingtaine de minutes en remuant de temps en temps.

5 Servez chaud ou froid sur un lit de riz et éventuellement avec d'herbes aromatiques fraîches coupées.

TOUTES SAISONS

ÉPINARDS À LA CRÈME VÉGÉTALE

Cette recette est un basique de notre quotidien, idéale pour un dîner rapide à préparer en semaine. Faciles à réaliser, ces épinards peuvent être accompagnés de galettes de pommes de terre (recette p. 171), de dés de potimarron caramélisés au four (p. 191) ou encore de chips de patates douces (p. 174). Notez que l'utilisation ici d'épinards surgelés, malgré ses emballages, permet d'éviter le lavage particulièrement long et fastidieux de grandes quantités d'épinards frais, et facilite ainsi la réalisation de ce repas maison.

2 min. **15** min. **4** pers.

Ingrédients • 2 sachets de 600 g chacun d'épinards congelés • 1 à 2 tasses de crème liquide végétale (de soja, riz, avoine...), selon les préférences • 1 c. à c. d'oignon en poudre (ou en morceaux) • ½ c. à c. d'ail en poudre • huile d'olive vierge bio • sel, poivre

1 Dans une grande casserole, faites revenir quelques secondes l'ail et l'oignon dans un peu d'huile.

2 Ajoutez les épinards et laissez cuire à feu moyen environ 15 minutes, jusqu'à ce que l'eau libérée par les épinards s'évapore.

3 Éteignez le feu, ajoutez la crème et assaisonnez.

DESSERTS & GOÛTERS

TOUTES SAISONS

CHEESECAKE
— GOURMAND —
ZÉRO GASPI AUX FRUITS

Un anniversaire, un réveillon ou des invités pour le dîner ? Voici une recette facile d'un dessert élaboré et délicat pour les grandes occasions. Sans même que vos convives s'en aperçoivent, ce mets vous permettra de n'utiliser ni œufs ni lait et de ne gaspiller ni vos biscuits secs et cassés ni vos fruits abîmés !

40 min. **0** min. **4** pers.

Pour la base • 200 g de biscuits (speculoos par exemple), biscottes ou corn flakes, secs et cassés • 4 c. à s. d'huile de coco

Pour la partie façon « cream cheese » • 3 grands pots de 400 g de yaourt de soja * • 100 g de sucre en poudre • 7 g d'agar-agar • 1/3 verre de jus de citron

Pour le parfum de votre choix • quelques fruits abîmés (pommes, fruits rouges, poires, abricots...) • sucre

1 Cette étape est à réaliser quelques heures à l'avance. Couvrez une grande passoire type « chinois » d'un tissu fin en coton (comme un torchon très fin) ou d'une gaze. Posez la passoire sur un grand saladier et versez-y le yaourt de soja. Laissez ainsi quelques heures voire une nuit au réfrigérateur. Le but de cette étape est d'égoutter une partie de l'eau du yaourt afin que ce dernier soit plus épais et onctueux.

2 Mixez quelques secondes vos biscuits ou biscottes au blender. Si vous utilisez des biscottes, ajoutez quelques cuillerées de sucre.

3 Dans une petite casserole, faites fondre l'huile de coco à feu très doux. Notez que cette étape n'est pas nécessaire en été, car l'huile de coco se liquéfie naturellement au-dessus de 25 °C.

4 Versez l'huile de coco sur les biscuits/biscottes et mélangez jusqu'à obtenir une consistance homogène.

5 Étalez et tassez ce mélange au fond d'un moule à manqué ou d'un grand cercle à pâtisserie. Si vous n'en possédez pas, faites des cheesecakes individuels sous forme de verrines, en disposant votre préparation dans des verres plats transparents voire même des bocaux.

6 Dans une petite casserole, mélangez au fouet 10 ml d'eau et l'agar-agar. Faites chauffer jusqu'à ébullition.

7 Dans un saladier, mélangez au fouet le yaourt égoutté, le mélange eau/agar-agar et le jus de citron.

8 Versez immédiatement la préparation sur les biscuits dans votre plat ou vos verrines puis placez-le/les de nouveau au frais.

9 Lavez et coupez vos fruits en morceaux, puis faites-en une compote en les faisant cuire quelques minutes dans une casserole avec un peu de sucre.

10 Une fois votre compote froide, étalez-la sur le dessus de votre cheesecake.

CONSEILS Faites des variantes de ce cheesecake en remplaçant les fruits par du chocolat fondu ou un glaçage à la vanille !

* Le yaourt de soja ne peut malheureusement pas s'acheter sans emballage. Le préférer en grand format plutôt qu'en petits pots individuels permet toutefois de limiter la quantité de plastique nécessaire. N'hésitez pas par ailleurs à laver et réutiliser ces grands pots.

— BROWNIE PROTÉINÉ —

Eh oui, ce brownie est à base de haricots rouges ! Rassurez-vous, le goût des haricots passera inaperçu ! Ce brownie est une excellente source de protéines végétales et de minéraux et ne contient presque que des ingrédients sains et gourmands. Une recette précieuse pour inciter les enfants peu friands de légumineuses... à en dévorer.

10 min. **20** min. **6** pers.

Ingrédients • 250 g de haricots rouges cuits (cuits maison à partir de 100 g de haricots secs ou prêts en bocal) • 70 g de sucre • 3 c. à s. de farine • 20 g de cacao en poudre • 60 g de beurre de cacahuète, amande, cajou ou noisette • 1 c. à c. rase de bicarbonate de soude • 2 c. à s. d'eau • facultatif : 1 poignée de noix, noisettes ou amandes en morceaux et/ou 1 poignée de pépites de chocolat

1 Dans un mixeur, mélangez les haricots rouges, le sucre, la farine, le cacao en poudre, le beurre de votre choix, le bicarbonate de soude et l'eau.

2 Si vous le souhaitez, incorporez les noix, noisettes, amandes et pépites de chocolat à la pâte obtenue.

3 Versez le tout dans un plat à gâteau huilé et enfourné à 180 °C pendant 20 minutes.

4 Sortez votre brownie du four lorsque son centre est cuit, c'est-à-dire lorsque le couteau que vous y piquez en ressort propre.

5 Patientez au moins 30 minutes avant de déguster votre brownie, accompagné par exemple d'une glace maison.

CONSEILS S'il vous reste des haricots rouges cuits à l'issue de cette recette, utilisez-les dans les recettes de curry coco (p. 193), de hamburger de haricots rouges (p. 184), des boulettes façon bolognaise (p. 180), des lasagnes (p. 189) ou encore du chili sin carne (p. 195) !

TOUTES SAISONS

- GAUFRES -
VÉGÉTALIENNES GOURMANDES

Qui a dit que les œufs et le lait étaient indispensables pour de bonnes gaufres croustillantes ? Cette recette simple et rapide s'avère plus écologique que la version classique… et tout aussi gourmande !

10 min. **5** min. **8** pers.

Ingrédients • 250 g de farine • 2 c. à s. de fécule de maïs • 2 c. à s. de sucre • 50 cl de « lait » de soja • 15 cl d'huile de tournesol bio • 1 c. à c. rase de bicarbonate de soude • 2 pincées de sel

1 Dans un saladier, mélangez au fouet la farine, la fécule, le sucre, l'huile, le bicarbonate et le sel.

2 Ajoutez progressivement le lait de soja.

3 Dans votre gaufrier chaud et huilé, versez une louche de pâte.

4 Laissez cuire quelques minutes selon les instructions de votre gaufrier, jusqu'à ce que l'extérieur de vos gaufres soit croustillant.

CONSEILS Servez chaud accompagné de sucre glace, confiture, pâte à tartiner, pâte de noisette, sirop d'érable…

TOUTES SAISONS

CRÈME DESSERT

— MAISON À LA VANILLE —

Vous êtes fan des desserts onctueux et sucrés en fin de repas ? Cette version maison et rapide sera plus saine, plus économique, sans lait d'origine animale et presque sans plastique ! Un sans-faute pour les gourmands !

0 min. **10** min. **4** pers.

Ingrédients • 500 ml de « lait » végétal (soja, noisette, amande, avoine...) • 2 c. à s. de fécule de maïs • 2 c. à s. de sucre • quelques gouttes d'extrait de vanille liquide

1 Dans une casserole, versez quelques cuillerées de lait et la fécule de maïs, puis mélangez au fouet.

2 Ajoutez le reste du lait, le sucre et la vanille en mélangeant et posez la casserole sur un feu doux à moyen.

3 Remuez doucement pendant 5 à 10 minutes, jusqu'à ce que le mélange épaississe.

4 Versez la préparation dans des pots de yaourt en verre, idéalement dotés d'un couvercle.

5 Laissez refroidir puis placez au réfrigérateur au moins quelques heures.

CONSEILS Vous pouvez également utiliser la même recette pour faire vos crèmes au chocolat ou au café. Pour cela, remplacez la vanille par 3 cuillerées à soupe de cacao en poudre non sucré ou par 2 cuillerées à soupe de café soluble. Notez que la vanille a ici été choisie pour cette recette, car son bilan environnemental est moins lourd que celui du café et du chocolat.

TOUTES SAISONS

MUESLI MAISON

— GRILLÉ À PERSONNALISER —

En mélangeant très facilement quelques produits bruts (céréales, noix, graines...) et après un rapide passage au four, j'obtiens un muesli que j'adapte en fonction de mes goûts et de mes préférences du moment. Une version maison plus économique que celle en vrac du commerce.

10 min. **25** min. **6** portions

Ingrédients • 2 tasses de flocons de riz et/ou d'avoine et/ou de maïs
• 1 tasse d'oléagineux en morceaux : noix, noisettes, amandes, noix de cajou...
• 1 tasse de fruits secs : raisins secs, figues ou abricots séchés en morceaux...
• ½ tasse de graines : tournesol, courge, lin...
• 2 pincées de sel
• facultatif : 1 tasse de graines de sarrasin décortiqué, ½ tasse de coco râpée, ½ tasse de cacao en poudre ou 2 c. à c. de cannelle en poudre, ½ tasse de pépites de chocolat ou chocolat râpé

1 Sur une plaque de four, mélangez de façon homogène les flocons de céréales, le sarrasin, les oléagineux, les graines, la coco, le sel et le cacao ou la cannelle. Si vous ne prévoyez pas d'utiliser de fruits secs, ajoutez à ce moment-là quelques cuillerées de sucre, selon vos goûts.

2 Enfournez à 150 °C pendant 25 minutes, en mélangeant à mi-cuisson.

3 Sortez la plaque du four et ajoutez les fruits secs. Une fois votre muesli refroidi, ajoutez le chocolat si vous le souhaitez et versez le tout dans un grand bocal en verre hermétique. Il s'y conservera 3 semaines environ.

CONSEILS Cette recette est une base. N'hésitez pas à la personnaliser selon vos goûts et vos envies : variez les céréales, noix, fruits secs et épices utilisés !

TOUTES SAISONS

CRÊPES
BRETONNES EXPRESS

Les galettes bretonnes, des crêpes à base de sarrasin, sont souvent cantonnées aux menus salés. Elles peuvent pourtant également être accommodées en dessert ou pour le goûter, avec de la confiture, du sirop d'érable, de la pâte à tartiner, ou encore un peu de sucre... Cette recette simplissime de crêpes sans œufs ni lait s'adaptera à toutes vos envies.

5 min. **15** min. **4** pers.

Ingrédients • 250 g de farine de sarrasin • +/- 85 cl d'eau • sel

1 Dans un saladier, versez de la farine de sarrasin et un peu de sel.

2 Ajoutez progressivement de l'eau, en remuant à l'aide d'un fouet. Vous devez obtenir une consistance de pâte à crêpes classique (n'hésitez pas à rajouter de l'eau si la consistance de la pâte vous semble trop épaisse, ou à diminuer la quantité, si au contraire la pâte vous semble assez fluide).

3 Dans une crêpière antiadhésive* chaude légèrement huilée, versez une louche de pâte et formez une crêpe. La pâte doit alors former de petits trous, caractéristiques des galettes bretonnes. Si la pâte n'en contient pas, votre crêpière n'est pas assez chaude. Si au contraire la pâte ne s'étale pas uniformément et forme de larges trous, votre crêpière est trop chaude.

CONSEILS Pour vos menus salés, garnissez vos crêpes de fromage, de pesto, de champignons poêlés, d'oignons caramélisés ou encore de sauce forestière (p. 186). Pour vos menus sucrés, agrémentez vos crêpes de sucre et jus de citron, de pâte à tartiner chocolatée, de sirop d'érable, de chocolat fondu ou de marmelade.

* Comme indiqué p. 40, les revêtements antiadhésifs des poêles et casseroles contiendraient des substances nocives pour la santé. Les crêpes sont un des rares mets pour lesquels une poêle en inox ou en fonte peut difficilement être utilisée. La préparation de ce dessert/goûter étant généralement très occasionnelle, il paraît convenable d'utiliser dans ce cas-là un revêtement antiadhésif.

TOUTES SAISONS

PANCAKES EXPRESS

Pas d'œufs ni de lait d'origine animale dans ces pancakes pourtant moelleux et gourmands ! Une recette express utilisant uniquement des ingrédients de base de nos cuisines. Idéal donc pour un goûter gourmand inopiné ! Cette pâte à pancakes peut se conserver jusqu'à 2 jours au réfrigérateur.

10 min. **10** min. **4** pers.

Ingrédients • 180 g de farine • 20 g de fécule de maïs • 200 ml (quantité variable) de « lait » de soja • 3 c. à s. d'huile d'olive vierge bio • 1 c. à s. rase de bicarbonate de soude • 1 pincée de sel • 1 c. à s. de sucre

1 Dans un saladier, mélangez tous les ingrédients secs et l'huile.

2 En remuant à l'aide d'un fouet, ajoutez progressivement le lait de soja, jusqu'à obtenir une consistance de pâte à crêpes.

3 Dans une poêle antiadhésive * bien chaude et huilée, ajoutez une cuillère à soupe de pâte pour former votre pancake.

4 Laissez cuire à feu doux quelques minutes sur les deux faces, afin qu'elles dorent.

CONSEILS À déguster avec des fruits frais, de la confiture, du sirop d'érable ou encore du chocolat fondu, lors d'un petit déjeuner ou d'un goûter.

* Voir note p. 208

Références bibliographiques

Introduction

1 - Manger mieux, gaspiller moins. ADEME, septembre 2019. Téléchargeable sur www.ademe.fr/sites/default/files/assets/documents/guide-pratique-manger-mieux-gaspiller-moins.pdf

2 - « The solutions », DrawDown. Disponible sur www.drawdown.org/solutions.

3 - Manger mieux, gaspiller moins. Pour une alimentaire saine et durable, ADEME, septembre 2019. Téléchargeable sur www.ademe.fr/sites/default/files/assets/documents/guide-pratique-manger-mieux-gaspiller-moins.pdf

4 - Op. cit.

5 - « Climat : l'agriculture est la source d'un quart des émissions mondiales de gaz à effet de serre », Reporterre, 19 février 2015. Disponible sur www.reporterre.net/climat-l-agriculture-est-la-source

6 - « Macroscope : mieux manger, moins gaspiller, moins polluer », QQF, mai 2016. Infographie disponible sur www.qqf.fr/infographie/39/mieux-manger-moins-gaspiller-moins-polluer.

7 - Manger mieux, gaspiller moins. Pour une alimentaire saine et durable, ADEME, septembre 2019. Disponible sur www.ademe.fr/sites/default/files/assets/documents/guide-pratique-manger-mieux-gaspiller-moins.pdf

8 - Définition d'une « alimentation durable » selon la FAO. Source : Recommandations alimentaires et durabilité, FAO. Disponible sur www.fao.org/nutrition/education-nutritionnelle/food-dietary-guidelines/background/sustainable-dietary-guidelines/fr/

Chapitre 1

1 - Nos emballages sont-ils toxiques ?, On n'est plus des pigeons, Canal +, 2016. Disponible sur www.youtube.com/watch?v=fSCe0jf6ZXw

2 - *Manger mieux, gaspiller moins. Pour une alimentaire saine et durable,* ADEME, septembre 2019. Disponible sur www.ademe.fr/sites/default/files/assets/documents/guide-pratique-manger-mieux-gaspiller-moins.pdf

3 - Boyer M, Costil M, Imbach R. L'impact du plastique sur l'environnement expliqué en quelques chiffres. *Le Monde*, 19 déc 2018. https://www.lemonde.fr/planete/article/2018/12/19/l-impact-du-plastiqu

4 - Le vrac mérite-t-il de s'emballer ? *60 Millions de consommateurs*, Hors-série n° 193 « Le Guide antigaspi », avril-mai 2018 : page 23. e-sur-l-environnement-explique-en-quelques-chiffres_5399933_3244.html

5 - En savoir plus sur l'étude et ses résultats : *Des hydrocarbures dans notre assiette,* FoodWatch, nov 2015. Disponible sur : www.foodwatch.org/fileadmin/foodwatch.fr/campagnes/Emballages_huile_minerale/documents/Des_hydrocarbures_dans_nos... publication_text_pour_web.pdf

6 - « Nos emballages sont-ils toxiques ? », *On n'est plus des pigeons*, Canal +, 2016. Disponible sur www.youtube.com/watch?v=fSCe0jf6ZXw

7 - La journée mondiale de l'environnement, ONU Environnement, 2018. https://www.unenvironment.org/interactive/beat-plastic-pollution/

8 - Volume d'eau nécessaire pour fabriquer 1 kg de papier, Eau France, mai 2016. Disponible sur www.eaufrance.fr/chiffres-cles/volume-deau-necessaire-pour-fabriquer-1-kg-de-papier

9 - Boyer M, Costil M, Imbach R. L'impact du plastique sur l'environnement expliqué en quelques chiffres, *Le Monde*, 19 déc 2018. Disponible sur www.lemonde.fr/planete/article/2018/12/19/l-impact-du-plastique-sur-l-environnement-explique-en-quelques-chiffres_5399933_3244.html

10 - Nombre de sacs plastiques distribués dans le monde, *Planétoscope*. Disponible sur www.planetoscope.com/dechets/320-nombre-de-sacs-plastiques-distribues-dans-le-monde.html

11 - Environnement : la France championne de la consommation de bouteilles en plastique, *France Info*, 7 juin 2018. Disponible sur : www.francetvinfo.fr/monde/environnement/environnement-la-france-championne-de-la-consommation-de-bouteilles-en-plastique_2790815.html

12 - Consumer responsibility, San Francisco Environment. Disponible sur www.sfenvironment.org/consumer-responsibility

13 - Défi Rien de neuf, Zero Waste France. Disponible sur https://riendeneuf.org/

14 - Additifs : lesquels sont les plus dangereux ?, *60 millions de consommateurs*, Hors-série no 125S, Mai-juin 2018, page 61.

15 - La liste des 50 additifs à proscrire, *60 millions de consommateurs*, Hors-série n° 125S, Mai-juin 2018, page 57.

16 - 62 médicaments passés au crible, *60 millions de consommateurs*, Hors-série n° 191, déc. 2017-janv 2018, page 59.

17 - Biodéchets, ministère de la Transition écologique et solidaire, 8 fév. 2017. Disponible sur : https://www.ecologique-solidaire.gouv.fr/biodechets

Chapitre 2

1 - Dagorn G. Avant d'être cancérigène, la viande est polluante pour la planète. *Le Monde*, 29 oct 2015. Disponible sur : www.lemonde.fr/les-decodeurs/article/2015/10/29/la-viande-a-aussi-un-impact-majeur-sur-la-planete_4799570_4355770.html

2 - Consommation de nourriture par une vache, Planetoscope. Disponible sur : www.planetoscope.com/elevage-viande/512-consommation-de-nourriture-par-une-vache.html

3 - Garric A. Pour Terra Nova, le règne de la viande est résolu. *Le Monde*, 23 nov 2017. Disponible sur www.lemonde.fr/planete/article/2017/11/23/pour-terra-nova-le-regne-de-la-viande-est-revolu_5218949_3244.html

4 - *Manger mieux, gaspiller moins. Pour une alimentaire saine et durable*, ADEME, août 2018. Disponible sur www.ademe.fr/sites/default/files/assets/documents/guide-pratique-manger-mieux-gaspiller-moins.pdf

5 - *Des gaz à effet de serre dans mon assiette*, Etiktable, avr 2013. Disponible sur www.etiktable.fr/wp-content/uploads/2013/04/GES-dans-nos-assiettes.pdf

6 - Les labels environnementaux, ADEME. Disponible sur www.ademe.fr/labels-environnementaux

7 - « Lançons le compte à rebours de l'Année internationale des légumineuses », FAO (Organisations des Nations Unies pour l'Alimentation et l'Agriculture) 2016. Disponible sur : www.fao.org/pulses-2016/news/news-detail/fr/c/379387/

8 - « All the nutrition without the animal products », The Vegan Society, https://www.vegansociety.com/resources/nutrition-and-health/nutrition-overview

9 - « Lançons le compte à rebours de l'Année internationale des légumineuses », FAO (Organisations des Nations Unies pour l'Alimentation et l'Agriculture). Disponible sur : www.fao.org/pulses-2016/news/news-detail/fr/c/379387/

10 - Par exemple, cet article qui montre que la consommation de soja réduit le risque de mortalité précoce, toutes causes confondues, cancer du sein compris : Nachvak, SM et al. Soy, Soy Isoflavones, and Protein Intake in Relation to Mortality from All Causes, Cancers, and Cardiovascular Diseases: A Systematic Review and Dose-Response Meta-Analysis of Prospective Cohort Studies. *Journal of the Academy of Nutrition and Dietetics*, Septembre 2019; 119(9): 1483-1500.e17

11 - Bergeron N, et al. Effects of red meat, white meat, and nonmeat protein sources on atherogenic lipoprotein measures in the context of low compared with high saturated fat intake: a randomized controlled trial. *The American Journal of Clinical Nutrition*. July 2019;110(1): 24-33. https://doi.org/10.1093/ajcn/nqz035

12 - Infographie « La pêche », Qu'est-ce qu'on fait ?!, 2018. Disponible sur : www.qqf.fr/infographie/56/la-peche

13 - Pour en savoir plus sur la pêche électrique et ses impacts environnementaux massifs, l'association Bloom vous propose une BD humoristique gratuite en ligne. Disponible sur : www.bloomassociation.org/iframe-bd

14 - Infographie « La pêche », Qu'est-ce qu'on fait ?!, 2018. Disponible sur : www.qqf.fr/infographie/56/la-peche

15 - Pouliquen F. Aquaculture : de la farine d'insectes pour nourrir les poissons... un coup double environnemental ? 20 minutes, 10 fév 2018. Disponible sur : https://www.20minutes.fr/planete/2218403-20180210-aquaculture-farine-insecte-nourrir-poissons-coup-double-environnemental

16 - Christian C et al. A review of formal objections to Marine Stewardship Council fisheries certifications. *Biological Conservation*, 2013; 161. Disponible sur : jenniferjacquet.files.wordpress.com/2010/05/christianetal_biolcons_2013.pdf

17 - Règlement (CE) no 834/2007 du Conseil du 28 juin 2007 relatif à la production biologique et à l'étiquetage des produits biologiques et abrogeant le règlement (CEE) no 2092/91 ; règlement (CE) No 710/2009 de la commission du 5 août 2009 modifiant le règlement (CE) no 889/2008 portant modalités d'application du règlement (CE) no 834/2007 du Conseil en ce qui concerne la production biologique d'animaux d'aquaculture et d'algues marines.

18 - Pour connaître d'autres exemples étonnants, visionnez la courte interview illustrée de Sébastien Moro par Brut (à retrouver sur YouTube : « Interview de Sébastien Moro sur l'intelligence des poissons » https://www.youtube.com/watch?v=YZPf_OnMQyY) et sa bande dessinée sur le sujet, *Les Paupières des poissons*, La Plage, 2018.

19 - Gaubert C. Sauver la planète et notre avenir : des experts appellent à une révolution alimentaire mondiale, *Sciences et Avenir*, 17 janv 2019. https://www.sciencesetavenir.fr/nutrition/sauver-la-planete-et-notre-avenir-avec-un-regime-alimentaire_130849

20 - http://www.produitsdulait.fr/index.php/blog/item/192-qu-est-ce-que-mange-la-vache

21 - Carel C. L'Interprofession de l'œuf s'engage à atteindre 50 % de poules pondeuses en alternatif pour 2022. *LSA*, 14 oct 2016. Disponible sur : www.sciencesetavenir.fr/nutrition/sauver-la-planete-et-notre-avenir-avec-un-regime-alimentaire_130849

22 - Œufs Label Rouge : un élevage différent, Syndicat national des labels avicoles de France. Disponible sur www.volaillelabelrouge.com/fr/les-oeufs-un-elevage-different/

23 - Bien manger en respectant l'environnement, ADEME, 21 nov 2018. Disponible sur : https://www.ademe.fr/particuliers-eco-citoyens/achats/bien-manger-respectant-lenvironnement

24 - Manger mieux, gaspiller moins. *Pour une alimentaire saine et durable*, ADEME, septembre 2019. Disponible sur www.ademe.fr/sites/default/files/assets/documents/guide-pratique-manger-mieux-gaspiller-moins.pdf

25 - Des gaz à effet de serre dans mon assiette ? Etik'Table, 2013. Disponible sur : www.etiktable.fr/wp-content/uploads/2013/04/GES-dans-nos-assiettes.pdf

26 - Kirby T. Alimentation. Le casse-tête des kilomètres alimentaires. *Courrier International*, 23 mars 2005. Disponible sur : www.courrierinternational.com/article/2005/03/24/le-casse-tete-des-kilometres-alimentaires

27 - Manger mieux, gaspiller moins. Pour une alimentaire saine et durable, ADEME, août 2018. Disponible sur www.ademe.fr/sites/default/files/assets/documents/guide-pratique-manger-mieux-gaspiller-moins.pdf

28 - Des gaz à effet de serre dans mon assiette ?, Etik'table, 2013. Disponible sur : www.etiktable.fr/wp-content/uploads/2013/04/GES-dans-nos-assiettes.pdf

29 - Hervieu S, 80 % de la déforestation est due à l'agriculture. *Le Monde*, 07 sept 2015. Disponible sur www.lemonde.fr/planete/article/2015/09/07/80-de-la-deforestation-est-due-a-l-agriculture_4747867_3244.html

30 - Valo M. La culture du cacao dévore la forêt tropicale. *Le Monde*, 22 déc 2018. Disponible sur www.lemonde.fr/planete/article/2018/12/22/les-cultures-de-cacao-devorent-la-foret-tropicale_5401448_3244.html

31 - *Ibid*.

32 - « Face à la déforestation et au changement climatique, le café aussi pourrait être amené à disparaître », France Info, 22 janv 2019. Disponible sur www.francetvinfo.fr/sante/environnement-et-sante/video-face-a-la-deforestation-et-au-rechauffement-climatique-le-cafe-aussi-pourrait-etre-amene-a-disparaitre_3156737.html

33 - Delbecq D. Le sucre, une douceur amère pour l'environnement. *Libération*, 22 nov 2004. Disponible sur www.liberation.fr/terre/2004/11/22/le-sucre-une-douceur-amere-pour-l-environnement_500114

34 - Données détaillées disponibles sur www.waterfootprint.org/en/water-footprint/product-water-footprint/water-footprint-crop-and-animal-products/

35 - Données détaillées disponibles sur www.bfmtv.com/planete/infographie-secheresse-les-aliments-les-plus-gourmands-en-eau-1501529.html

36 - *Ibid* et www.cnrs.fr/cw/dossiers/doseau/decouv/usages/consoAgri.html

37 - *Ibid*

38 - How much water does it take to make your breakfast, lunch and dinner? *GetGreenNow*, 14 mai 2017. Disponible sur www.get-green-now.com/food-water-footprint-infographic/

39 - Retrouvez les résultats de l'étude en détails sur www.generations-futures.fr/publications/residus-pesticides/

40 - Curtay JP. Les perturbateurs endocriniens sont partout : comment les éliminer de nos vies ? *We Demain*, 5 nov 2015. Disponible sur : www.wedemain.fr/Les-perturbateurs-endocriniens-sont-partout-comment-les-eliminer-de-nos-vies_a1393.html

41 - Rozières G. Combien de CO_2 dans vos assiettes ? Juste avant la COP22, des chercheurs ont calculé le bilan carbone des aliments les plus courants. *HuffingtonPost*, 05 nov 2016. Disponible sur : www.huffingtonpost.fr/2016/11/14/cop22-combien-de-co2-dans-vos-assiettes_a_21600349/

42 - *Cahier des charges Transformation alimentaire*. Nature & Progrès, édition 2005 mise à jour en avril 2019, https://www.natureetprogres.org/les-cahiers-des-charges-2/

43 - *Cahier des charges Bovins-équidés*. Nature & Progrès, édition 2017. https://www.natureetprogres.org/les-cahiers-des-charges-2/

44 - *Cahier des charges Ovins-Caprins*. Nature & Progrès, édition 2017, https://www.natureetprogres.org/les-cahiers-des-charges-2/

45 - *Cahier des charges Porcins*. Nature & Progrès, édition 2017, https://www.natureetprogres.org/les-cahiers-des-charges-2/

46 - *Cahier des charges. Productions végétales et animales*. Demeter France, édition janvier 2016. https://www.demeter.fr/professionnels/cahiers-des-charges/

47 - « Les chiffres clés de la consommation responsable – Rapport 2017 », Mes Courses Pour La Planète, 2017. Disponible sur : www.mescoursespourlaplanete.com/rapportChiffres.php

Chapitre 3

1 - Pour nourrir le monde, réduisons nos pertes alimentaires, Organisation des Nations unies pour l'alimentation et l'agriculture. Disponible sur : www.fao.org/news/story/fr/item/74312/icode/

2 - *Manger mieux, gaspiller moins. Pour une alimentaire saine et durable*, ADEME, août 2018. Disponible sur www.ademe.fr/sites/default/files/assets/documents/guide-pratique-manger-mieux-gaspiller-moins.pdf

3 - *Manger mieux, gaspiller moins. Pour une alimentaire saine et durable*, ADEME, août 2018. Disponible sur www.ademe.fr/sites/default/files/assets/documents/guide-pratique-manger-mieux-gaspiller-moins.pdf

4 - Ibid

5 - Le Guide anti-gaspi, *60 millions de consommateurs*, Hors-série n°183 mai-avril 2018, page 35.

6 - Le Monde https://www.lemonde.fr/les-decodeurs/article/2018/06/07/le-gaspillage-alimentaire-en-france-en-chiffres_5311079_4355770.html

REMERCIEMENTS

Un grand merci à toute **l'équipe des éditions Thierry Souccar**, qui m'avait déjà permis de devenir auteure à 22 ans et me permet aujourd'hui de publier mon deuxième livre à 25 ans.

Je remercie chaleureusement chacune des personnes interviewées dans ce livre de m'avoir consacré du temps en répondant avec tant d'intérêt et de bienveillance à mes questions : **Shafik Asal, Hervé Berbille, Sophie Bonnier, Vincent Brassart, Jean-Marc Gancille, Guillaume Gomez, Philippe Lévêque, Guillaume Meurice, Alexandra Neyroud, Lucie Ouvrard, François Pasteau et Julien Vidal**. Leurs témoignages et expertises ont été indispensables à la qualité de ce livre. Je leur en suis profondément reconnaissante.

Un merci tout particulier à **Guillaume Meurice**, qui a accepté de prendre le temps d'écrire la préface de ce livre, et qui n'a pas manqué d'y injecter son intarissable humour qui me fait rire chaque jour en écoutant la radio.

Merci mille fois à **mon cher compagnon** qui a subi mes tests, échecs, réussites, découvertes, changements dans nos habitudes du quotidien et qui les a même adoptées lui-même ces dernières années. Merci également de m'avoir motivée, soutenue, poussée, conseillée, épaulée chaque jour dans l'écriture de ce livre.

Merci à **ma mère**, qui m'a donné dès le plus jeune âge la conscience environnementale sans laquelle je n'aurais pu accomplir une once du travail de sensibilisation, des écrits, des conférences, des rencontres et des partages que je réalise aujourd'hui.

Enfin, je remercie **mon père**, qui m'a conseillée et soutenue dès les débuts de l'écriture de ce livre.

DE LA MÊME AUTEURE

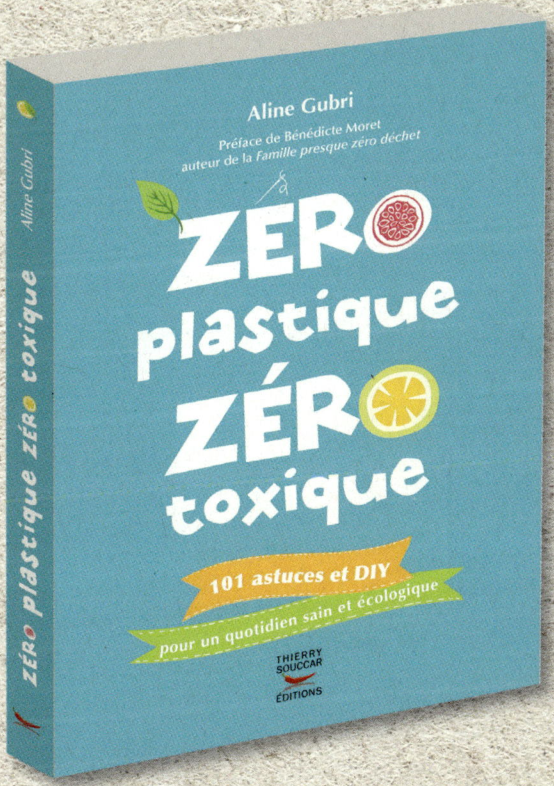

PEFC
10-31-1510

Achevé d'imprimer en France sur du papier 100 % recyclé
par Corlet imprimeur, à Condé-en-Normandie.
Janvier 2020